国家出版基金项目
NATIONAL PUBLICATION FOUNDATION

国家出版基金资助项目

项目编号：2018~076

“一带一路”大型系列丛书

总策划　戴佩丽
主　编　孙春光　副主编　马庭英

新疆是个好地方

巩宁城今昔

袁正祥◎著

中央民族大学出版社
China Minzu University Press

图书在版编目（CIP）数据

巩宁城今昔／袁正祥著．—北京：中央民族大学出版社，2019．2

（“一带一路”大型系列丛书．新疆是个好地方）

ISBN 978-7-5660-1636-2

Ⅰ．①巩…　Ⅱ．①袁…　Ⅲ．①乌鲁木齐—地方史　Ⅳ．①K294．51

中国版本图书馆 CIP 数据核字（2019）第 002949 号

巩宁城今昔

著　　者　袁正祥
责任编辑　戴佩丽
责任校对　赵　静
封面设计　舒刚卫
出 版 者　中央民族大学出版社
　　　　　北京市海淀区中关村南大街 27 号　　邮编：100081
　　　　　电　话：68472815（发行部）　传真：68932751（发行部）
　　　　　　　　　68932218（总编室）　　　　68932447（办公室）
发 行 者　全国各地新华书店
印 刷 厂　北京建宏印刷有限公司
开　　本　787×1092（毫米）　1/16　印张：11．25
字　　数　160 千字
版　　次　2019 年 2 月第 1 版　2019 年 2 月第 1 次印刷
书　　号　ISBN 978-7-5660-1636-2
定　　价　55．00 元

前　言

“一带一路”倡议中，新疆定位于丝绸之路经济带核心区，并以日益凸显的区位优势和辐射效应，与21世纪海上丝绸之路逐步衔接。

在第二次中央新疆工作座谈会上，习近平总书记强调，要在各族群众中牢固树立正确的祖国观、民族观，弘扬社会主义核心价值体系和社会主义核心价值观，增强各族群众对伟大祖国的认同、对中华民族的认同、对中华文化的认同、对中国特色社会主义道路的认同。近年来，在以习近平同志为核心的党中央坚强领导下，新疆文化事业得到长足发展，对经济社会发展的引领作用不断增强，特别是随着稳定红利持续释放，文化创新呈现快速增长。实践充分证明，以习近平同志为核心的党中央治疆方略高瞻远瞩、英明睿智，只要坚定不移地贯彻落实党中央治疆方略，新疆形势就能朝着全面稳定的方向发展、就能实现社会稳定和长治久安，新疆经济就一定能够贯彻好新发展理念、推动高质量的发展。

“一带一路”倡议的实施是新疆地区走向现代化、融入现代化潮流、发展现代文化的一次新机遇。在这一背景下，《一带一路大型文化系列丛书——新疆是个好地方》出版项目正式推出，其目的就是要围绕中心、服务大局，弘扬主旋律，传播正能量，为推进新疆稳定发展提供了强有力的文化支撑。

丛书坚持党性与人民性相统一，不断增强中国特色社会主义道路自信、理论自信、制度自信、文化自信；坚持正确文化导向，团结、稳定、鼓劲，弘扬正能量；紧紧围绕社会稳定和长治久安总目标，使文学作品服务大局，形成文化艺术的强大合力。丛书作品内容注重创新意识、创新观念、创新内容、创新形式，切实提高文学作品的传播力、引导力、影响力和公信力；坚持“高举旗帜、引领导向、围绕中心、服务大局、团结人民、鼓舞士气，成风化人、凝心聚力、澄清谬误、明辨是非、联接中外、沟通世界”。

丛书的出版发行，将对发展新疆区域文化产生积极的正面效应。基于此，我们遴选了疆内的数十位知名作家，通过报告文学、散文、诗歌、小说等形式，从不同的角度反映新疆现代文化发展，展示各民族同胞践行社会主义核心价值观以及逐步形成的进步、文明、开放、包容、科学的理念，讴歌各民族同胞团结互助的精神风貌和浓厚氛围，进一步增强各民族同胞之间的认同感，更好地维护新疆地区的长久稳定和繁荣助一臂之力。丛书视角独特、文字量浩繁、信息量巨大，让新疆人民可以真正全面地知道自己，让疆外的读者可以全面地认知新疆，也让世界客观地了解新疆、了解中国。

丛书得到了中共中央宣传部新闻出版署、中共新疆维吾尔自治区党委宣传部审读处、国家出版基金的大力支持，使得这部丛书得以顺利出版。

编　者

1910 年巩宁城南城墙原貌

1910 年巩宁城西门（宜稿）原貌

1910年巩宁城关帝庙门楼原貌

注：以上三张照片出自苏格兰人乔治·厄内斯特·莫理循。1910年，莫理循出嘉峪关进入新疆，经哈密、乌鲁木齐、石河子，一路西行到达伊犁，而后向南翻越木扎尔特冰川，经阿克苏到达喀什噶尔，后向西过乌恰，最后到达吉尔吉斯斯坦。

2011 年巩宁城南门瓮城残迹（一）

2011 年巩宁城南门瓮城残迹（二）

注：以上两张照片均由于水香拍摄。

朝乾隆三十七年建成到同治三年城毁期间的经济、政治、军事、文化发展和历史变迁。下篇为“满城书香”，叙述了王震将军及在校官兵发扬中国人民解放军艰苦奋斗的光荣传统，和全校教职员工同甘共苦，在古城的废墟上建起八一农学院的生动故事。该书作者袁正祥同志长期以来勤奋学习，退而不休。他的著作除此之外，还有在职时写的几十篇有关图书馆学的专著，退休后又撰写并出版了《校园史话》《我的人生路》《逝痕集》等；参加编写并公开出版的有《西北地区高等学校图书馆的历史与现状》《西北高校图书馆年鉴》及《新疆八一农学院院史》（内部出版发行）。如今的袁老虽年届九十，离休也已三十余载，仍不忘初心，志在千里，笔耕不辍，他大半辈子都搞图书馆工作，是从书海里走过来的专家，懂得从书本里“淘金”的真谛。

笔者是袁老的同事，也是当兵出身，曾受命写过他的一篇人物通讯《老满城里的“史官”——记离休干部袁正祥同志》。此文曾在《新疆老教授》和《桑榆》杂志上发表。也给他著的《我的人生路》一书写过序，对袁老就更加了解。他是众所周知的吃苦耐劳、勤奋好学、谦虚谨慎、为人厚道的好同志。从《我的人生路》中看到他经历了苦难的童年、拼搏的中年、璀璨的晚年，我感悟到了他能一生奉献的必然：如果不是出身贫寒，经历了6岁牧羊，15岁讨饭，16岁被抓壮丁等磨难，就不会参加革命，成为共产党员；如果没有热爱祖国，扎根新疆的决心，就不会有为“巩宁城”奉献一生的壮举；如果没有坚韧不拔的意志，就不可能“宝剑锋从磨砺出”，争分夺秒，惜时如金，自学成才。今天十九大的春风、新时代的战鼓，激励着耄耋之年的袁老“白发未除豪气在”“蜡烛春蚕当自效”

再续新篇的勇气，让巩宁城美丽的传说流淌不息！我用袁老所写的这首《踏莎行·巩宁城今昔》来结束这篇序言。

版筑宁城，兵屯重镇。昔年鼎盛威名震。晨钟暮鼓竖中心，森严壁垒边关稳。地转天旋，星移斗运，百年未许雄姿泯。今朝故地万千新，满城桃李枝枝俊。

新疆农业大学马列主义学院退休教师邓文美①

2018 年 4 月 15 日

---

① 邓文美女士，1950 年参军，毕业于云南大学，从中国社会科学院援疆到新华社新疆分社任记者，1964 年—1995 年到农大任政治理论课副教授。退休后，参加新疆老教授协会、老科技工作者协会，分别获评“两会先进个人”及“全国教育系统关心下一代先进个人”。新农大党委多次授予其“优秀共产党员”称号。

目 录

上篇 巩宁史话

下篇 满城书香

上篇　巩宁史话

序

邓文美

“巩宁城”是“老满城”的古称。位于乌鲁木齐市西八里，建于清乾隆三十七年（1772 年）。它历经时代的变迁与沉淀，剩下来的遗址主要是在雅玛里克山下的新疆农业大学校园里的一些古城墙。新疆维吾尔自治区政府和乌鲁木齐市政府先后公布其为“文物保护单位”，树立了醒目的人工大理石碑记。从过去的“巩宁城”到现在的“老满城”，穿越了数百年的沧桑岁月，见证着新疆各族人民在不同的历史时期为了中华民族的统一和发展，为建设大美新疆所做出的不屈不挠的巨大贡献。

鲜为人知的巩宁城，相对于占全国版图六分之一的新疆只是弹丸之地，它却是中华民族坚持统一，守土卫国，屯垦戍边，繁荣丝绸之路，抑外敌，平叛乱，稳定新疆及新疆社会经济、文教科技发展的缩影；更是坚持中国特色社会主义道路，实现中华民族伟大复兴的中国梦的边陲重镇。它曾经是清朝时的屯兵要塞，后来成了国民党的兵营，新疆和平解放后，这里升起了五星红旗，成了中国人民解放军的驻地（先为六军军部，后为第二步兵学校）、屯垦戍边的中心。

由于屯垦戍边培养急需人才，经毛泽东主席和中央军委同意，由时任新疆军区司令员的王震将军，于1952年在第二步兵学校的基础上，创建了一所具有解放军光荣传统的高等农业院校——八一农学院（后改为新疆农业大学）。六十余载，历经风雨，从小到大，目前已经建成以农业科学为优势、以自然科学为主要学科领域的现代化综合性农业大学。先后培养出十余万名农业科技人才，为科技兴农、科技兴疆做出了巨大贡献。

“历史是一面镜子”可以“鉴往知来”。习近平同志就十分重视学习与研究历史，他认为“历史是最好的教科书，也是最好的清醒剂”。巩宁城是一首壮丽的史诗，是一部美丽的传奇，应当被永远铭记，并且编纂成册。可惜之前没有一部完整的典籍，有关资料也已支离破碎，散失殆尽，需要有人来搜集整理。这时有一位在老满城生活、工作了大半个世纪的老人，他怀着一颗热爱党、热爱祖国和热爱巩宁城这片热土之心，挑起了为巩宁城写史的重任。这位老人就是离休的新疆农业大学图书馆原副馆长、副研究馆员袁正祥同志。他从20世纪60年代起，在完成本职工作的同时，分秒必争，四处奔波，走遍了西北地区和新疆维吾尔自治区内的文化单位和高等院校的图书馆所，搜集了大量的资料、分散的历史碎片和访问相关人士的笔录。袁老以“铁杵磨针”的精神，同时凭借翔实的材料及亲身的经历完成了这项工作，使《巩宁城今昔》应运而生，并受到了各方人士的关注，得到了有关部门的支持与鼓励，幸运地被收入《一带一路大型系列丛书——新疆是个好地方》。

《巩宁城今昔》分上、下两篇。上篇为“巩宁史话”，主要写清

引　言

巩宁城始建于清乾隆三十七年（1772年），毁于同治三年（1864年），计有92年时间。这与清政府在新疆的统治，从兴起到衰败的时间大体一致。自乾隆二十七年（1762年）清政府平定了准噶尔部和大小和卓叛乱之后，在伊犁设将军作为新疆最高军事和行政长官。其下设塔尔巴哈台（塔城）参赞大臣、喀什噶尔（喀什）参赞大臣，从而重新统一了祖国边疆。与此同时，在天山南北实行了一整套政治、军事、经济、文化等方面的政策，如修筑城堡、增驻军队、实行屯田制、铸造货币、兴办学校等。乾隆三十六年（1771年），乾隆皇帝欲在巴里坤与伊犁之间寻找一处向西可以应援伊犁将军、向北可以应援塔尔巴哈台参赞大臣、向东可以弹压乌鲁木齐垦民、水草丰美、可谓“沃土良田”的驻军的地方，形成犄角之势。同年十月，乾隆皇帝传谕伊犁将军舒赫德可否在玛纳斯驻军，令其具奏。舒赫德接旨，经实地调查后复旨云：“玛纳斯虽然位置适中，但不产煤，不能安排过多兵员。乌鲁木齐可驻军队，粮食充足可产煤铁。该地河东无平原，惟河西福寿山（妖魔山）北，尚有依山傍水平原一处可资建城且有可险可扼。建议乌鲁木齐增设参赞大臣、领队大臣属伊犁将军统帅。”乾隆皇帝采纳了舒赫德的建议，于乾隆三十七年（1772 年）正月调各营镇兵 1000 余名，教之版筑，庀材则伐木于山，开冶于矿，輂载以官之车马牛，迄一年城成，赐名“巩宁”。乾隆皇帝旨云：“调凉州、庄浪满兵三千员名，移驻乌鲁木齐巩宁城。索诺木策凌任乌鲁木齐参赞大臣，德云任领队大臣，俱受伊犁将军节制。”乾隆三十八年（1773 年）五月又旨云：“将乌鲁木齐参赞大臣改为都统，仍属伊犁将军节制，索诺木策凌任乌鲁木齐都统。”从此，巩宁城成为乌鲁木齐政治、军事和文化中心，所有军政和文化机关均移驻城内。都统总揽军政大权，除管理驻防营务外，还管理乌鲁木齐辖属地方事务和屯田事务。

清朝后期由于朝廷腐败，经济萧条，内外交困，全国各族人民处于水深火热之中。新疆各族人民深受官府、王公伯克、宗教头目三重剥削与压迫。乾隆四十三年（1778 年），叶尔羌（今莎车）高朴玉石案涉及南疆办事大臣与伯克勾结剥削人民，涉案 60 余人，处死官员四人。至道光时期腐败加速，军队已寅吃卯粮，军饷拖欠时间间隔逐渐拉大。当时新疆军饷来源于陕甘，陕甘财力不足需依靠全国其他地方补助。即便筹划到一些银两也很难顺利到达关外，解送途中处处截留，以铜代银、以零充整时有发生。同治三年（1864 年），由军士聚众索饷开始，乌鲁木齐都统向地方民众搜刮，州役倚势横征苛敛，民怨沸然，引起械斗。阶级矛盾、民族矛盾、上层与上层之间争夺政权的矛盾日益尖锐。受尽苦难的新疆人民在忍无可忍的情况下，纷纷组织起来掀起反清斗争。同治三年（1864 年）三月，南疆的农民首先揭竿而起，攻入城内杀死了清朝政府的地方官员和王公伯克。这一胜利促使南疆各地农民积极响应，先后夺取了南八城和东四城。同年六月，南山西沟一带的农民占领达坂城后与吐鲁番农民汇合集结于迪化城（今乌鲁木齐市）外。驻迪化城绿营参将索焕章暗中组织南关起事并扣留派往南疆绿营的数百名士兵，集结于魁星楼。同时，索焕章在提督衙门诱杀了乌鲁木齐提督业布冲额，然后里应外合一举夺取了汉城并包围了满城。被困 79 天的满城守军弹尽粮绝，无力抵抗，文武官员百余人、兵民万余人与城化为灰烬，从而结束了巩宁城这段历史。

巩宁城历史概貌

巩宁城建于清乾隆三十七年（1772年），一年城成。耗资帑金十万有奇、粮一万两千余石。位于迪化城（今乌鲁木齐市）西八里。城周长四公里有余，面积比迪化城大一倍。有东、西、南、北四门：东门叫承曦，西门叫宜穑，南门叫轨同，北门叫枢正。均以满、蒙、汉、维吾尔四种文字将名门之名书于其端。四门均筑有瓮城（也叫月城），它是城门外的屏蔽，为增强各门的防御力量而设。城垣的四角建有角楼，四门城头建有城楼，四面城垣还建有敌楼。真可谓城垣宏伟，建筑豪华，森严壁垒，权势显赫。从巩宁城向东远眺，以天山为屏，山上积雪，终年不消，十分壮观。向东南近看，红山与蜘蛛山互为陪衬，十分和谐。红山峭壁悬崖，形如蟾蜍昂首。山上有玉皇庙，为祭祀博格达山诸神之要地。从乾隆年间开始，每年农历四月十五，由都统率领官员，祭于红山之上。其祭文由礼部撰写，以皇帝名义告祭，由都统致祭。这一天，商民百姓，人挑马驮，扶老携幼，云集于红山周围，热闹非常，为塞上一大盛会。蜘蛛山由平地孤起一峰，慢坡而上，山高一里。上建八腊神庙，西厢添设风神牌位。其东为文昌殿，东、南两面周廊船屋开窗，远眺川泽山原，风光旖旎，尽收眼底。巩宁城南靠妖魔山，此山又名雅玛山，乾隆皇帝赐名福寿山。沿山向西建有龙王庙一座。山腰开渠，宛转如带，绕城西南北流。每见山顶云雾迷漫，夏必雨，冬必雪。咸丰六年（1856年）四月，乌鲁木齐提督业布冲额奏报准行，在妖魔山挖矿、炼铅。经炼得银，设筹裕局分别冶炼。

巩宁城是新疆诸路咽喉重地，是乌鲁木齐的政治、军事中心，战略地位十分重要。乾隆三十八年（1773年），参赞大臣被改为都统。乌鲁木齐以东始改粮务司，司置郡县。改巴里坤同知为镇西府，改迪化州同知为迪化直隶州，辖乌鲁木齐以西各县。州郡各率其所属隶兵备道，道率其属隶都统。所有军政机关均移驻城内。有满营和绿营官兵。镇迪道以下所属文职官员及办事人员，学校师生，商店服务人员，粮仓、磨坊等管理人员等及家属共计16000余人。巩宁城内建筑很多，鼓楼建在城的中心，都统署建在鼓楼西（包括印房、粮饷、驼马、营管四处衙署，及各处办事公所）；领队大臣衙署建于鼓楼南（含下属协领、佐领、防御、骁骑校等各级衙署以及弓箭房、军械库、摆马厅、步军厅、鸟枪营厅、满营兵房、绿营兵房等）；镇迪道衙署建在鼓楼东（包括迪化州衙署、史目衙署、学正衙署、理事通判衙署等）；家眷住房一律建在鼓楼北，学校、养济院、官铺、粮仓、磨坊等多数建在这一带。各街巷口和四城门内均建有各种堆房，全城大小房间共计9550余间，其中比较豪华的有万寿宫、大公馆和个别寺庙。这些豪华建筑大部分碧瓦朱门，雕梁画栋，十分壮观。

巩宁城都统总揽军政大权，除管理驻防各城营务外，还管理乌鲁木齐所属地方事务及屯田事务。

都统管辖的军营、屯田、马场、铁厂，以及军台、墩塘等均分布在天山南北。五城满营，除驻本城外，还在奇台、吐鲁番、乌苏、巴里坤各地筑满城分驻，设领队大臣、协领、佐领、防御、骁骑校、笔贴式等掌管。

巩宁城屯田，分屯于昌吉、呼图壁、玛纳斯、乌苏、精河、阜康、吉木萨尔、奇台、木垒、巴里坤、哈密一带。

巩宁城军马有三场，设在巴里坤、奇台、木垒河。按军马场章程规定，每场军马额定6000匹。

巩宁城铁厂，在城北的热水泉（现名水磨沟）。其主要任务是挖矿、炼铁，打造屯田农具。乾隆五十四年（1789年），全厂有管理官员、工匠、兵丁及遣犯共计850人。其中近700人挖矿、炼铁、打造农具，约150人种地。

巩宁城军台（负责递送奏折、情报、文书和转运官物）分东、西两路。东至吐鲁番，西至乌苏，共有22台，计程1700里，由当地军营分段管理。巩宁城墩塘（平时在此瞭望，紧急情况发信号）以巴里坤为界，分东、西两路。巴里坤以东至星星峡有110塘，归巴里坤镇标营管辖。巴里坤以西至玛纳斯有27塘，由当地军营分段管辖。每塘相距20至90里不等。

巩宁城石碑和碑文

巩宁城从兴起到衰败的92年中，一共立过多少块石碑，撰写过多少篇碑文，有关史料记载不详。但可以肯定，最早的是立于关帝庙东、西两侧的两块石碑。两块石碑的碑文均由乌鲁木齐第一任都统索诺木策凌撰写。东侧碑文写于乾隆三十九年（1774年）九月，西侧碑文写于乾隆四十三年（1778年）九月。西侧碑文是东侧碑文的补充，两侧碑文共约1150字，其内容主要涉及修筑巩宁城的情况、城内建筑、巩宁城军政事务等。

索诺木策凌在碑文中详尽叙述了修筑巩宁城的重要性、筑城的方法、参加的人数、筑城所需材料及其来源、完成日期及筑城所耗资金。碑文云："（乌鲁木齐）为新疆诸路咽喉重地，自版章归附，钦命大臣统屯兵于此，置粮务官司，始有户民做城邑。""调近边各营镇兵千数百名，教之版筑，增之廪饥，而兵不疲。庀材则伐木于山，开冶于矿。辇载以官之车马牛，而民不扰。迄一年城成。""计资帑金十万有奇，粮万二千余石。"

巩宁城内建筑物数量颇多，式样各异，用途也不同。据碑文记载，共有房舍9500余间，包括都统署、领队副统署、理事通判署、协领署、佐领署及其以下官兵房。其他还有公廨、宾馆、义学、库藏等。据《三州辑略》第二卷记载，仅各级衙署就有87处，还有鼓楼、满营摆马厅、步军营厅、鸟枪营厅各一处，军械库两所，弓箭房30所，官厅两所，大公馆三所，养济院一所，监狱一所，大小堆房60处，粮仓一处，磨坊24处，以及庙宇、学校、商店、家眷住房、大小教场等。其中官署、鼓楼、公厅、公馆、庙宇等建筑十分讲究，碧瓦朱门，雕梁画栋，可谓富丽堂皇，豪华异常。

巩宁城是乌鲁木齐的政治、军事中心，所有军政机关均在城内，由都统总揽军政大权，有重兵驻守。碑文云："驻满洲官兵三千员名。""自乌鲁木齐以东，始改粮务司，置郡县，改巴里坤同知为镇西府，改迪化州同知为迪化直隶州州郡，各率其所属，隶兵备道，道率其属隶都统。其自道以下旧治迪化者，悉移治巩宁与都统同城。……巩宁城遂为满汉官民兵吏群聚而待事之所，輶轩之使，冠带之伦，出于其涂者莫不于是观政焉。"可见驻巩宁城都统权力之集中，管辖范围之大，统领官兵之多，冠带之伦理，在新疆仅次于伊犁将军。

碑文中，索诺木策凌奉承乾隆皇帝之词多处可见。如"皇上神武，威加海内外，于平定准夷一事，拓土二万""今日之盛者也，唯我皇上圣不自圣"。最后还立下了誓言，"'民惟邦本，本固邦宁'。抚兹城者，必将以民岩为基址，以治行为垣墉，以武备为捍卫，以忠悃为金汤，然后可以联三边之门户，壮八表之规模，而弼亿万年之平成于勿替也。是以夙夜兢兢，唯恐不克副皇极敷言之万一"，云云。

巩宁城“宝迪”铜钱

清咸丰年间，由于朝廷腐败，经济萧条，长期拖欠驻乌鲁木齐军营官兵饷银，连官兵的伙食费用也难以如期发放。因而，军心涣散，鼓噪生变。时任巩宁城都统赓福，在上无拨款，下无经费来源的危急时刻，萌生了鼓铸大钱，以应急需的念头。于是派人员到各地调查铸钱所需矿苗，终于在罗布淖尔（今若羌县北部）等处发现了铜铅两矿。都统赓福连夜向咸丰皇帝奏本，要求准予设局铸造并附钱样。咸丰皇帝准奏并将铸钱局定名为“宝迪”。钱面要有满文“宝迪”字样。令赓福督饬镇迪道和祥及该道州委员等照议实心经理。赓福接旨后，星夜召集有关人员，商议设局建矿的有关事项，经商定，筹备工作按下列各项进行：一是组建人员并制定章程，二是筹集经费，三是修建房舍和购置设备。在筹备工作的进行过程中，唯筹集经费一项无资可筹，毫无进展。后经咸丰皇帝准奏，暂开捐例，向社会与商人募捐。所有捐助者，按捐数日后请奖。这一招果然奏效，很快筹集到了开矿、鼓铸所需的工本费用。关于铜钱的币值问题，都统赓福考虑到当时市面通行的钱银比价为八百文钱值一两银，八分钱值一分银。铸造当八大钱一枚，值银一分，如此银钱兑换简捷，使用也很方便。基于这种想法，都统赓福即写奏章，经咸丰皇帝准奏，鼓铸当八大的铜钱。

咸丰五年（1855 年）四五月间，以红铜为原料，钱面铸有“咸丰重宝”，背面是满文“宝迪”，重五六克的当八大铜钱问世了。初铸的铜钱表面有点粗糙，字迹有点模糊。随着操作技术的熟练，铸钱质量不断提高，铸额不断增加，版式也分大八和小八两种。据史料记载，当时一年能铸 3200 串，可抵银 12800 两。从咸丰七年（1857 年）初开始，由当八大钱改铸重 7.27 克的当十大钱，还铸过少量重 39.6 克的当八十大钱。

宝迪局于同治元年（1862 年）重新开炉铸造大钱，持续到同治三年（1864 年）九月，共约两年的时间。1991 年 5 月出版的《新疆红钱》一书中云：“宝迪局始于咸丰年间，又终于咸丰年间。”据史料记载，宝迪局在同治年间又重新开炉鼓铸大钱。其结论应该是“宝迪局始于咸丰年间，终于同治年间”。

巩宁城寺庙

于巩宁城修建的寺庙有很多，有些寺庙的建筑非常讲究，碧瓦朱门，雕梁画栋，壮观异常，将巩宁城点缀得十分雅致。其景象正如诗人所云："寺依山远近，坡接树纵横。息影三椽屋，楼头听角声。"城内建有万寿宫、关帝庙、无量庙、菩萨庙、斗姆宫、娘娘庙、赤帝宫等寺庙 14 座。城外建有文庙、社稷庙、先农坛、地藏王庙、三皇庙、五圣宫、罗真庙、老君庙、龙王庙、财神庙、火神庙等 19 座。城内外共有各种寺庙 33 座。

城内寺庙分建在鼓楼周围，东、南、西、北大街及瓮城内。城外寺庙少数建在城周围，如东门外路北的文庙，东南隅的先农坛，西门外西南隅的社稷坛、农神祠，等等。多数寺庙离城较远，如红山顶上的玉皇庙，红山下的地藏王庙，红山西边的三皇庙，灵应山西边的龙王庙，蜘蛛山顶上的八腊庙、虫王庙，西山的老君庙、北极山顶的无量庙，等等。

各种寺庙各有祭时和祭礼，如万寿宫每年元旦、农历十月初六、冬至时，乌鲁木齐都统都会率文武官员，着朝服集齐，在此举行祭奠仪式。全体官兵首先向香案下跪，上瓣香，读祝文，献帛献礼，焚帛，然后行三跪九叩首礼。又如关帝庙、文昌庙、社稷坛每年春秋各祭一次，其规格、礼仪与万寿宫相同。再如龙王庙每年春秋各祭一次，都统及文武官员一律着蟒袍，行两跪六叩首礼。先农坛岁行耕耘之礼，以耕田所收供祭品，由办事大臣主祭，耕耘委员推犁。各旗族修建并供奉的寺庙亦各有不同的祭时与祭礼。此外，有的寺庙由各自的信教徒修建并供奉。

巩宁城寺庙有大有小，神位有高有低，祭时有先有后，祭文有长有短，供品有多有少，礼仪有轻有重。这说明巩宁城信教人数众多，佛教极为盛行。且因印度佛教与藏传佛教不同，有些寺庙按旗族修建，按旗族供奉，如四座菩萨庙分别由正白旗满洲、镶黄旗满洲、镶白旗满洲、镶白旗蒙古供奉。又如三座关帝庙分别由正白旗满洲、镶红旗蒙古、镶蓝旗蒙古供奉。据史料记载，印度佛教由中亚地区沿丝绸之路首先传入新疆，然后传入内地。早在唐代，新疆的高昌、于阗、龟兹并称为“三大佛教中心”。明清以来，新疆处于多教并存的状况。然而，佛教经久不衰，一直盛行，并培育出了鸠摩罗什、裴慧琳等著名高僧和经典翻译家。巩宁城的寺庙收藏了各种古文字的经典、残卷及从印度传来的经书。这些经典、残卷和壁画是我们研究新疆宗教史的珍贵文献。

巩宁城变迁

巩宁城始建于清乾隆三十七年（1772年），废于同治三年（1864年）。被废后至今的这段历史可分为三个阶段：从1864年到1911年清朝结束、从1911年到1949年中华人民共和国成立、1949年至今。

从1864年到1911年的47年间，巩宁城废迹历经同治、光绪、宣统三朝，一直荒芜。据史料记载，同治十三年（1874年），经同治皇帝准奏，在其战死之地建立一座平瑞祠堂，附以荣庆等人姓名。在此期间，虽然城内建筑被毁，而东、南、西、北城门，西南二门的瓮城及四周的城垣仍在。城中杂草丛生，枸杞长势十分茂盛，且实硕味甘，胜于中卫之枸杞而驰名，年产值约两三万两。

从1911年到1949年的38年间，巩宁城废迹经历了杨增新、金树仁、盛世才、国民党反动军阀统治时期，曾一度是盛世才办的简易师范学校的校址和国民党军营。在此期间，东南一带陆续开垦了少量耕地。东北城墙根、东西中轴线靠西两侧先后修建了礼堂、校舍、营房。东南城墙根一带修有马厩、仓库等，其中少数为土木、砖瓦结构，多数为以青砖作地基的土平房，总面积为五六万平方米。东城门两侧高2丈2尺

5 寸的城墙依然耸立。西门和南门的瓮城和瓮城内房舍，以及高 1 丈 9 尺 5 寸的西城墙，虽然年久，因风吹雨淋而变矮，除几处塌陷和通道残缺外，连同南北城垣在内的其余废迹概貌仍存。

1949 年 9 月 25 日，新疆和平解放。中国人民解放军一兵团二、六军进疆后，六军军部驻巩宁城。1952 年初，中国人民解放军第二步兵学校移居巩宁城，是年改编为新疆八一农学院。经过几十年的艰苦创业，新疆八一农学院有了很大的发展。1995 年 4 月 21 日，经国家教委批准，更名为新疆农业大学。历年来，先后修建了礼堂、教学楼、实验楼、图书馆、教职工和学生宿舍、食堂、浴室等，总建筑面积 35 万平方米。此外，还建有总占地面积约 3 万平方米的运动场、篮球场、足球场和占地面积为 6. 5 万平方米的附属中学。

20 世纪五六十年代以来，巩宁城内先后成立了不少单位，如新疆农业科学院、自治区干休所、武警医院、第二运输公司、制药厂、千斤顶厂、高压开关厂、水电物资公司、地质勘探研究所、福利彩票发行中心，以及公共汽车站、煤气站等。这些单位经过几十年的艰苦创业，也有了很大的发展。在此期间，巩宁城城垣大部分被毁，除自然毁坏外，绝大部分是人为破坏。如东城墙从武警医院向北延伸的 1130 米，于 20 世纪五六十年代被拆除后，修了公路，建起了大楼和厂房，已无遗迹可寻，现连东北墙角的位置都难以断定。又如北城墙被拆除后，大部分地段被修成了现在的克拉玛依西路。在巩宁城工作、生活了半个世纪，现已离退休的老人们都是目击者和见证人。现存的唯有南城墙和西城墙部分地段。南城墙除东南隅被拆除约 300 米修建了大楼外，其余约 830 米的城垣废迹尚存，南门向外突出的瓮城遗迹，尚依然可辨。西城墙从西南角向北延伸，与西城门临近，西城门及其瓮城均被拆除后，修建了物资采购仓库。西城门向北还有约 100 米的城垣废迹尚存。西城墙现有两段城垣废迹，全长约 680 米。

巩宁城废迹是清王朝在新疆的统治从兴起到灭亡的历史见证；是中

华民族从苦难中崛起，又兴旺发达，跨入新世纪的历史见证；也是新疆农业大学从无到有，从小到大，已发展成为培养新疆各民族农牧业科技人才和管理人才摇篮的历史见证。巩宁城废迹对于研究清王朝在新疆的统治从兴起到灭亡这段历史，有着非常重要的历史价值。

附录一：

乌鲁木齐历任都统姓名与任职时间

姓名	任职时间
索诺木策凌	乾隆三十七年三月至乾隆四十五年三月（1772 年 4 月—1780 年 4 月）
奎林	乾隆四十五年三月至乾隆四十六年七月（1780 年 4 月—1781 年 8 月）
明亮	乾隆四十六年七月至乾隆四十八年六月（1781 年 8 月—1783 年 7 月）
海禄	乾隆四十八年六月至乾隆四十九年四月（1783 年 7 月—1784 年 5 月）
图思义	乾隆四十九年四月至乾隆五十年三月（1784 年 5 月—1785 年 4 月）
奎林	乾隆五十年三月至乾隆五十年七月（1785 年 4 月—1785 年 8 月）
永铎	乾隆五十年七月至乾隆五十二年十二月（1785 年 8 月—1788 年 1 月）
尚安	乾隆五十二年十二月至乾隆五十九年正月（1788 年 1 月—1794 年 2 月）
明兴	乾隆五十九年正月至嘉庆二年六月（1794 年 2 月—1797 年 7 月）
书麟	嘉庆二年六月至嘉庆四年正月（1797 年 7 月—1799 年 2 月）
富俊	嘉庆四年正月至嘉庆四年八月（1799 年 2 月—1799 年 9 月）
兴奎	嘉庆四年八月至嘉庆七年七月（1799 年 9 月—1802 年 8 月）
明亮	嘉庆七年七月至嘉庆九年九月（1802 年 8 月—1804 年 10 月）
奇臣	嘉庆九年九月至嘉庆十一年十月（1804 年 10 月—1806 年 11 月）
和宁	嘉庆十一年十月至嘉庆十三年十月（1806 年 11 月—1808 年 11 月）
色克通阿	嘉庆十三年十月至嘉庆十四年正月（1808 年 11 月—1809 年 2 月）
兴奎	嘉庆十四年正月至嘉庆十八年七月（1809 年 2 月—1813 年 8 月）
长龄	嘉庆十八年七月至嘉庆十八年九月（1813 年 8 月—1813 年 10 月）
晋昌	嘉庆十八年九月至嘉庆十八年十二月（1813 年 10 月—1814 年 1 月）
伊冲阿	嘉庆十八年十二月至嘉庆十九年二月（1814 年 1 月—1814 年 3 月）
高杞	嘉庆十九年二月至嘉庆二十二年四月（1814 年 3 月—1817 年 5 月）
庆祥	嘉庆二十二年四月至嘉庆二十四年十一月（1817 年 5 月—1819 年 12 月）

续表

姓名	任职时间
贡楚克扎布	嘉庆二十四年十一月至嘉庆二十五年十月（1819 年 12 月—1820 年 11 月）
德英阿	嘉庆二十五年十月至道光二年六月（1820 年 11 月—1822 年 7 月）
英惠	道光二年六月至道光九年十一月（1822 年 7 月—1829 年 12 月）
成格	道光九年十一月至道光十四年三月（1829 年 12 月—1834 年 4 月）
长清	道光十四年三月至道光十五年十月（1834 年 4 月—1835 年 11 月）
富尼扬阿	道光十五年十月至道光十六年九月（1835 年 11 月—1836 年 10 月）
廉敬	道光十六年九月至道光十九年三月（1836 年 10 月—1839 年 4 月）
惠吉	道光十九年三月至道光二十三年四月（1839 年 4 月—1843 年 5 月）
惟勤	道光二十三年四月至道光二十九年六月（1843 年 5 月—1849 年 7 月）
毓书	道光二十九年六月至咸丰元年十一月（1849 年 7 月—1851 年 12 月）
乐斌	咸丰元年十一月至咸丰三年二月（1851 年 12 月—1853 年 3 月）
赓福	咸丰三年二月至咸丰五年八月（1853 年 3 月—1855 年 9 月）
恒毓	咸丰五年八月至咸丰五年十月（1855 年 9 月—1855 年 11 月）
倭什浑布	咸丰五年十月至咸丰八年十月（1855 年 11 月—1858 年 11 月）
图伽布	咸丰八年十月至咸丰八年十一月（1858 年 11 月—1858 年 12 月）
庆英	咸丰八年十一月至咸丰十年十一月（1858 年 12 月—1860 年 12 月）
平瑞	咸丰十年十一月至同治三年十月（1860 年 12 月—1864 年 11 月）

附录二：

乌鲁木齐历任领队大臣姓名与任职时间

姓名	任职时间
德云	乾隆三十七年三月至乾隆三十七年六月（1772 年 4 月—1772 年 7 月）
明山	乾隆三十七年六月至乾隆三十九年三月（1772 年 7 月—1774 年 4 月）
永庆	乾隆三十九年三月至乾隆四十五年三月（1774 年 4 月—1780 年 4 月）
傅景	乾隆四十五年三月至乾隆四十五年四月（1780 年 4 月—1780 年 5 月）
伊里布	乾隆四十五年四月至乾隆四十五年九月（1780 年 5 月—1780 年 10 月）
巴林	乾隆四十五年九月至乾隆四十九年十一月（1780 年 10 月—1784 年 12 月）
永泰	乾隆四十九年十一月至乾隆五十四年九月（1784 年 12 月—1789 年 10 月）
特成额	乾隆五十四年九月至乾隆五十六年三月（1789 年 10 月—1791 年 4 月）
善保	乾隆五十六年三月至乾隆五十九年六月（1791 年 4 月—1794 年 7 月）
灵泰	乾隆五十九年六月至嘉庆九年二月（1794 年 7 月—1804 年 3 月）
高杞	嘉庆九年二月至嘉庆九年五月（1804 年 3 月—1804 年 6 月）
恩明	嘉庆九年五月至嘉庆十二年五月（1804 年 6 月—1807 年 6 月）
德成	嘉庆十二年五月至嘉庆十三年三月（1807 年 6 月—1808 年 4 月）
德勒克扎布	嘉庆十三年三月至嘉庆十四年四月（1808 年 4 月—1809 年 5 月）
恒杰	嘉庆十四年四月至嘉庆十七年九月（1809 年 5 月—1812 年 10 月）
乌尔衮泰	嘉庆十七年九月至嘉庆二十年十月（1812 年 10 月—1815 年 11 月）
多庆	嘉庆二十年十月至嘉庆二十四年十一月（1815 年 11 月—1819 年 12 月）
玉芳	嘉庆二十四年十一月至道光四年十一月（1819 年 12 月—1824 年 12 月）
富勒浑凝珠	道光四年十一月至道光八年正月（1824 年 12 月—1828 年 2 月）

续表

姓名	任职时间
敦良	道光八年正月至道光八年六月（1828 年 2 月—1828 年 7 月）
果勒明阿	道光八年六月至道光十年九月（1828 年 7 月—1830 年 10 月）
苏明阿	道光十年九月至道光十四年十月（1830 年 10 月—1834 年 11 月）
武永阿	道光十四年十月至道光十七年十月（1834 年 11 月—1837 年 11 月）
乌勒恩培	道光十七年十月至道光二十年十月（1837 年 11 月—1840 年 11 月）
穆特恩	道光二十年十月至道光二十一年十一月（1840 年 11 月—1841 年 12 月）
辑瑞	道光二十一年十一月至道光二十二年七月（1841 年 12 月—1842 年 8 月）
琦琛	道光二十二年七月至道光二十三年四月（1842 年 8 月—1843 年 5 月）
成山	道光二十三年四月至道光二十七年十一月（1843 年 5 月—1847 年 12 月）
扎拉芬	道光二十七年十一月至咸丰二年十二月（1847 年 12 月—1853 年 1 月）
承芳	咸丰二年十二月至咸丰三年八月（1853 年 1 月—1853 年 9 月）
奎英	咸丰三年八月至咸丰十一年四月（1853 年 9 月—1861 年 5 月）
保恒	咸丰十一年四月至同治元年正月（1861 年 5 月—1862 年 2 月）
文永	同治元年正月至同治二年六月（1862 年 2 月—1863 年 7 月）
德克吉讷	同治二年六月至同治三年十月（1863 年 7 月—1864 年 11 月）

附录三：

乌鲁木齐历任提督姓名与任职时间

姓名	任职时间
俞金鳌	乾隆三十八年九月至乾隆四十二年十一月（1773 年 9 月—1777 年 12 月）
陈杰	乾隆四十二年十一月至乾隆四十三年二月（1777 年 12 月—1778 年 3 月）
乔照	乾隆四十三年二月至乾隆四十六年七月（1778 年 3 月—1781 年 8 月）
彭廷栋	乾隆四十六年七月至乾隆四十九年三月（1781 年 8 月—1784 年 4 月）
刘鉴	乾隆四十九年闰三月至嘉庆四年八月（1784 年 4 月—1799 年 9 月）
图桑阿	嘉庆四年八月至嘉庆六年十月（1799 年 9 月—1801 年 11 月）
扎勒抗阿	嘉庆六年十月至嘉庆十年十一月（1801 年 11 月—1805 年 12 月）
定住	嘉庆十年十一月至嘉庆十七年八月（1805 年 12 月—1812 年 9 月）
刘芬	嘉庆十七年八月至嘉庆二十五年五月（1812 年 9 月—1820 年 6 月）
蔡鼎	嘉庆二十五年五月至道光二年正月（1820 年 6 月—1822 年 2 月）
达凌阿	道光二年正月至道光八年九月（1822 年 2 月—1828 年 10 月）
吕天俸	道光八年九月至道光八年十一月（1828 年 10 月—1828 年 12 月）
哈丰阿	道光八年十一月至道光十三年正月（1828 年 12 月—1833 年 2 月）
德克金布	道光十三年正月至道光十五年八月（1833 年 2 月—1835 年 9 月）
中福	道光十五年八月至道光二十四年六月（1835 年 9 月—1844 年 7 月）
玉明	道光二十四年六月至道光二十四年八月（1844 年 7 月—1844 年 9 月）
成玉	道光二十四年八月至道光二十七年十一月（1844 年 9 月—1847 年 12 月）
托明阿	道光二十七年十一月至道光二十八年二月（1847 年 12 月—1848 年 3 月）
石生玉	道光二十八年二月至道光三十年十月（1848 年 3 月—1850 年 11 月）
桂明	道光三十年十月至咸丰二年十二月（1850 年 11 月—1853 年 1 月）
业布冲额	咸丰二年十二月至同治三年六月（1853 年 1 月—1864 年 7 月）
文祥	同治三年六月至同治三年八月（1864 年 7 月—1864 年 9 月）

附录四：

巩宁城关帝庙东、西两侧石碑的碑文

东亭石碑的碑文

皇帝龙飞御极三十有七，以乌鲁木齐向为准夷[①]游牧，今归版图十余载，生聚教养与内地无异。又值准夷旧部落土尔扈特[②]人等数万户，款[③]关内附。因设重兵于要冲，建巩宁城，筑舍九千五百余间，分驻满洲官兵三千员名。命臣索诺木策凌总统乌鲁木齐等处屯田营制事宜责綦[④]重也。伏念皇上神武[⑤]，威加海内外，于平定准夷一事，拓土二万。考巴里坤为古蒲类[⑥]大小高昌国、乌鲁木齐或即汉之轮台、车师前后王欤！自汉唐以来，未尝列为郡县如今日之盛者也。唯我皇上圣不自圣，凡新辟疆土，咸归功于神，以祈灵佑而保敉[⑦]宁。乃于巩宁城勅建关帝庙，索诺木策凌督率文武官弁，实司其事，于乾隆三十九年望日告成。敬泐[⑧]碑书襄事衔名恭纪其盛至神之灵佑，显应载在国史达于九有。凌何人，斯敢赘辞于扬诩颂祷之间乎。

乾隆三十九年岁次甲午秋九月

诰授光禄大夫总统乌鲁木齐、巴里坤、古城等处满汉屯田官兵事务，世袭一等男长白索诺木策凌撰文。

西亭石碑的碑文

乌鲁木齐去伊犁千三百余里，为新疆诸路咽喉重地，自版章归附，

① 准夷：准噶尔部落的民族。
② 土尔扈特：清卫拉特蒙古四部之一。
③ 款：敲、叩，引申义为“到”。
④ 綦：极、很。
⑤ 神武：英明、威武。
⑥ 古蒲类：古西域国名。
⑦ 敉：安抚、安定。
⑧ 泐：书写或刻石。

钦命大臣统屯防兵于此，置粮务官司，始有户民做城邑。请于上，赐名迪化，城州治此。厥后开营制、驻眷兵，复筑城于北，为迪化新城，今统称二城为汉城，以巩宁城为满城云。我皇上威德诞①敷，八荒在宥②，西域即平。南定回疆，北通哈萨克一带贡道。而土尔扈特部落人等归城内属，又不下数万户。若塔尔巴哈台③、乌什、喀什噶尔诸回城，设防增戍，咸倚伊犁八旗驻防兵为重。乾隆三十有六年冬，皇上允廷臣，请移内地驻防满兵于乌鲁木齐，巴里坤与伊犁为犄角。时议乌鲁木齐分驻凉庄兵三千，乃别筑城为驻防，所卜④于迪化城之西北十里许曰吉。越年壬辰，余奉命以参赞大臣统军务，始荒度土工，爰⑤所司各恭乃事。鸠⑥工则奏调近边各营镇兵千数百名，教之版筑，增之廪饥，而兵不疲。庀材⑦则伐木于山，开冶于矿。辇载⑧以官之车马牛，而民不扰。迄一年城成。城周九里三分，里之一径三里许。城内恭建万寿宫、关帝庙如制，都统署一，领队副都统署一，理事通判署一，协领六，佐领以下官四倍之，自协领以下官兵房皆如额。其他公廨⑨、宾馆、义学、库藏、街衢、市井念治。是役也，计资帑金十万有奇，粮万二千余石。

奉上皇上察其费庶而工巨也，不下所司议悉准销，且命嗣后新疆工程奏销著为令，特恩也。乃赐城名曰“巩宁”。门曰“承曦”，曰“宜穑”，曰“轨同”，曰“枢正”。自军机处题额备满、汉、托特、回部四体书谨刊悬城之上方。是时新疆底定，垂二十年。土地辟，户口蕃，新附之民益重。自乌鲁木齐以东，始改粮务官司，置郡县，改巴里坤同知为镇西府，改迪化州同知为迪化直隶州州郡，各率其所属，隶兵备道，

---

① 诞：广阔。
② 宥：宽恕、原谅。
③ 塔尔巴哈台：旧行政区，今塔城。
④ 所卜：选址。
⑤ 爰：监督，管理。
⑥ 鸠：聚集。
⑦ 庀材：用材。
⑧ 辇载：运输。
⑨ 廨：官署。

道率其属隶都统。其自道以下旧治迪化者，悉移治巩宁与都统同城。于是都统之任益重。而巩宁城遂为满汉官民兵吏群聚而待事之所，辎轩[①]之使，冠带之伦，出于其涂者莫不于是观政焉。今之称巩宁者，从其朔[②]也。城工竣于癸巳，今已五载矣。屡欲执笔为之记，顾以部勒公务未遑也。惟袛遵圣天子命名巩宁议日三复焉，其在书曰"民惟邦本，本固邦宁"，抚兹城者，必将以民岩为基址，以治行为垣墉，以武备为捍卫，以忠悃为金汤，然后可以联三边之门户，壮八表之规模，而弼亿万年之平成于勿替也。是以夙夜兢兢，唯恐不克副皇极敷[③]言之万一。兹乃申绎[④]厥旨，用自勖[⑤]懋[⑥]因并建城之颠末，而详志之，以告后之君子。是为记。

乾隆四十三年岁次丁酉秋九月

诰授光禄大夫总统乌鲁木齐、巴里坤、古城等处满汉屯田官兵事务，世袭一等男长白索诺木策凌撰文。

---

① 辎轩：古代一种轻便的车。
② 朔：初始。
③ 敷：敷政、施政。
④ 绎：寻究事理。
⑤ 勖：勉励。
⑥ 懋：勤勉。

附录五：

巩宁城祭博格达山及各庙宇的祝文

祭博格达山祝文

博格达山又名“灵山”，蒙古语“神灵”之谓。每岁农历四月十五日颁香帛，由都统率文武官员以太牢致祭于红山之顶，向东南望祭博格达山诸神，其祭文由礼部撰并颁发。

博格达山之神曰：“惟神作镇西垂，效灵中土。出云降雨，阴阳肸蚼[1]之功；切汉凭霄，龙虎萦回之势。迈祁连而耸秀嘉名，并王会图中指元圃。以建标显位在大荒之外。式昭有赫，永奠无疆。高宗纯皇帝抚逆重熙，敉宁六合。日月照临之地，尽入版图；乾坤覆载之区，悉归亭育。万类登诸仁寿，百神摄以怀柔。惟慈乌鲁木齐，实当胜地；巴尔哈达日接神皋。山林之保障斯存，境内之屏藩攸寄。幅员计里不殊左右。户庭屯牧如云，遥接东西侯尉。是以登之祀典，载在理官。爰卜日於春初。俾定期以时享。升香瘗玉，适均列岳之班；宣气调神，常峙塞坦之域。式扶鳌[2]纪，丕巩鸿图，用荐苾芬[3]，惟祈歆格。”

祭关帝庙祝文

惟帝浩气凌霄，丹心贯日。扶正统而彰信义，威震九州；完大节以笃忠贞，名高三国。神明如在，偏祠宇於寰区；灵应丕[4]昭，荐馨香於历代。屡微异跡，显佑群生。恭值嘉辰，遵行祀典；筵陈边豆，凡典牲醪[5]。尚飨[6]。

---

① 蚼：知声虫，言知声响也。
② 鳌：传说中的海中大龟。
③ 苾芬：祭品的香美。
④ 丕：大。
⑤ 醪：浊酒。
⑥ 尚飨：享用祭品。

祭文昌庙祝文

惟神绩著西垣，枢环北极。六匡丽曜①，协昌运之光华，累代垂灵，为人文之主宰。扶正久彰夫感台，荐馨宜致其尊崇。兹值仲春秋，用昭时事。尚其歆格，鉴于精虔②。

祭社稷坛祝文

惟神奠安九土，粒食万邦。分五色以表封圻，育三农而蕃稼穑。恭承守土，肃展明烟。时届仲春秋修典祀。庶丸丸③松柏，巩磐石於无疆；翼翼④黍苗，佐神仓於下匮。尚飨。

祭先农坛祝文

惟神肇兴稼穑，粒我蒸民。颂思文之德，克配彼天；念率育之功，常陈时夏。兹当陈作，咸服先畴。洪惟九五之尊。岁军三推之典，恭膺守土，敢忘劳民。谨承彝⑤章，聿⑥修祀事。唯愿五风十雨，嘉祥恒沐於神庥⑦，庶几九穗双岐，上瑞频书於大有。尚飨。

祭龙王庙祝文

惟神德施寰海，泽润八方。允襄水土之平，苍生乐利；广积源泉之用，膏雨及时。霡霂⑧田畴，占年丰之大有；功资育物，欣庶类之蕃昌。仰藉神庥，宜隆报享。谨遵祀典，式协良辰，敬布几筵，肃陈牲

---

① 曜：照耀，又日、月、星都称“曜”。
② 虔：诚敬。
③ 丸丸：直也，条直自如也。
④ 翼翼：繁盛的样子。
⑤ 彝：祭器。
⑥ 聿：笔或书，即用笔写文章。
⑦ 庥：庇荫、保护。
⑧ 霡霂：小雨。

币。尚飨。

祭孔庙祝文

大成至圣先师，惟先师德隆千圣，遵冠百王。揭日月以常行。自生民所未有。属文教昌明之会，正礼和乐节之时。辟雍钟鼓，咸格荐於馨香，泮水膠痒，益致严於边豆。兹当仲春秋，衹率彝章，肃展微忱，聿修祀典。以复圣颜子、宗圣曾子、述圣子思、亚圣孟子，配尚飨。

下篇　满城书香

记学校创办人王震将军

王震同志是新疆农业大学的前身——八一农学院的创办人。新疆农业大学从无到有，从小到大，经历了半个世纪，培养了近7万名农业科学技术人才。经过58年的不懈奋斗，学校已经建设成为以农业学科为优势、以自然科学为主要学科领域、以应用学科为主要发展方向、以本科教育为主要办学层次，农、理、工、经、管、文、法多学科协调发展的大学。

王震同志指挥打仗是位名将，指挥农业生产也是行家里手。早在1949年，他带领人民解放军一兵团指战员西进新疆，当部队在酒泉集结时，便下达了购置农具做好农业生产准备工作的命令。入疆后，王震同志担任中共中央新疆分局书记、新疆军区司令员。1950年1月16日，他在新疆省财政会议上做了《关于军队生产建设工作的方针与任务》的报告。接着按照中央军委和毛泽东主席下达的关于军队参加生产的命令，将战斗部队改编为生产部队。其任务是，战时打仗，平时搞生产。从此，一场大生产运动在新疆万古荒原上轰轰烈烈地开展起来。王震同志仍日夜操劳，不断思考新问题。他从长期的戎马生涯中认识到，如没有一批懂军事科学技术的指挥员，是打不了胜仗的，同样，如没有一大批懂农业科学技术的各级领导干部，也达不到农业生产建设不断发展的目的。有一次，他对当时任新疆军区参谋长的张希钦同志说："现在不能再像南泥湾那样搞生产了，要办机械化大农场，需要大批农牧业科学技术人才。解决科技人才的唯一途径是办教育。要自力更生，在新疆创办一所农林院校，培养新疆农牧业生产发展需要的大量人才。"

1951 年，经新疆军区党委研究决定，在新疆办一所农林院校，定名为"八一农学院"，校址设在乌鲁木齐市老满城。老满城又名"巩宁城"，始建于 1772 年，毁于 1864 年，是清朝政府设在新疆仅次于伊犁惠远将军府的军事机构和满营驻地。城周有土地数千亩，城内有土地 970 多亩，有办实验室、实习农场的自然条件。老满城作为八一农学院校址是非常合适的。师资从内地农林院校和农林科研单位请求支援，学生由驻疆部队中选送。一个创办八一农学院的完整计划形成了。王震同志与当时任新疆农业厅厅长的涂治同志赴北京就创办农林院校的有关问题请示中央军委和毛主席。毛主席听完汇报后，表示完全同意办学计划，并对学校以"八一"命名十分赞赏。在一旁听汇报的周恩来总理也十分支持并表示协助解决师资问题。几天后，周总理在北京饭店召集北京部分农林院校和农林科研单位负责人，动员这些部门的农林牧科技人员赴新疆八一农学院任教。不久，从北京、西北农学院、东北农学院、山东农学院、南京农学院、华东革命大学等单位陆续调来了教授、副教授、讲师共 40 余人，作为专业课教师。从各部队新参军的学生中选拔 30 余人，从第二步兵学校选留 10 余人，作为数、理、化基础课教师。

1952 年 4 月 10 日，王震同志到第二步兵学校宣布关于中央军委和毛主席"停办第二步兵学校，筹建新疆八一农学院"的命令。他说："我们的任务由打仗转为经济建设，新疆应有一所专门培养农业技术干部的学校，中央同意撤销第二步兵学校，创办农学院的计划。"他还宣布中央军委命令："新疆军区副参谋长杨捷同志负责八一农学院建院筹备工作。" 几天后，新疆军区奉中央军委命令，任命当时任农业厅厅长的涂治同志兼任八一农学院院长。

1953 年 4 月中旬，王震同志给驻疆部队下达了选送优秀指战员到八一农学院上学的命令。半个月后，有 902 名指战员背着行李陆续报到。其中有师团级干部 56 人，营连排级干部 278 人，战士 568 人。这些来自部队的学生中，有爬雪山、过草地的长征干部，有在自卫战争、抗日战争和解放战争中立过功的战斗英雄，还有部队大生产中的劳动模范。

1952 年 8 月 1 日，新疆八一农学院举行开学典礼，王震同志到会并讲话。他在讲话中提出八一农学院的办学方针是"理论联系实际，教学结合生产"。他要求学院要面向生产部队，培养的学生既有理论知识又有实际操作能力。他要求师生克服困难，搞好教学，要求工作人员为教学服务。

1952 年 10 月，王震同志邀请吴华宝等教授、副教授共 6 人组成讲学团先后到二军六师（现第二师）驻南疆一带的各团场边调查、讲学，边进行规划设计，协助新疆建农牧场。与此同时，还邀请徐善根等几位教授组成规划设计组到北疆十七师（现第六师）进行建场规划与设计。王震同志先后到以上两地视察，与讲学团、规划设计组教师交换意见，并召集两个师的团以上领导干部做重要讲话。

王震同志接受新疆省政府主席包尔汗和涂治院长的建议，经国务院批准，先后聘请苏联植棉专家提托夫、农机专家赫维利亚、农业栽培专家果列洛夫、畜牧专家拉斯托契金到八一农学院任教并指导部队的农牧业生产。最早到院任教的是植棉专家提托夫，王震同志亲切接见并亲自陪他到二十五师（现第七师）、二十六师（现第八师）军垦农场视察，调查、了解当地农牧业生产情况。视察结束后，王震同志召集两个师的领导干部、业务部门负责人、农业技术干部、八一农学院有关教师共同商讨植棉计划。几天后，王震同志与提托夫专家签订了两万亩棉花的丰产合同。秋后，两万亩棉花平均亩产籽棉 402 斤，不但打破了北疆不能种植棉花的说法，而且获得了大面积棉花丰产。

中华人民共和国成立前，新疆各方面都比较落后，文化教育事业尤甚，农林牧专业的科技人才奇缺。王震同志创办的八一农学院不但为生产部队输送了农业科技人才，而且还帮助农业生产部队发展农牧业生产，在新疆农林牧业的建设和发展中起了十分重要的作用。

第一任院长涂治同志，获美国明尼苏达大学研究院博士学位。回国后曾在岭南大学、中山大学、河南大学、武汉大学、西北农学院等校任助理教授、副教授、系主任、教务长、院长等职。1939 年到新疆，曾任新疆学院农科主任、教务处主任、副院长等职。1949 年 9 月参加全国政协第一届第一次会议，当时他担任新疆省（现新疆维吾尔自治区）农业厅厅长，11 月被聘请为中国科学院学部委员、中国农业科学院学部委员。涂治同志颇有才华，在新疆乃至全国声望很高。在当时来说，八一农学院院长之职非他莫属。专业课教师从内地各农林院校和农林科研单位请求支援是非常英明的举措。从驻疆部队中选送优秀指战员到八一农学院上学也是英明之举。这些学生文化程度虽低，但政治思想状况较好，大部分都有比较丰富的实践经验。学完后，回原部队作为农牧业生产的技术骨干。“理论联系实际，教学结合生产”的办学方针是完全正确的。这批人不仅在当时对部队大生产运动起到了“立竿见影”的效果，而且在以后的教学、生产和科学研究中继续发挥着巨大的作用。在办学初期，每年 9 月到第二年 3 月为课堂教学时间，4 月到 8 月有计划地组织师生到军垦农场进行生产实习，使学生熟悉从春耕到收获的全过程，总结经验。这样做，不但锻炼了学生的实际操作能力，而且还帮助了部队农牧业生产的发展。

王震同志为创办八一农学院，运筹帷幄，呕心沥血，从校名、校址到干部任命、师生来源、办学方针、聘请苏联专家，等等，都深思熟虑，在广泛征求各方面意见的基础上，交由党委会集体讨论决定。王震同志调离新疆，在担任农垦部部长期间，还一直关心八一农学院的成长，曾于1957年2月、1960年8月两次到学院看望全体师生并讲话。1995年4月21日，经国家教育委员会批准，新疆八一农学院更名为“新疆农业大学”。为了缅怀王震等老一辈无产阶级革命家及八一农学院创办人，特在学校建立了一座纪念碑。碑文中写道：“1952年王震同志根据毛主席‘屯垦戍边’指示精神，创办八一农学院……为了缅怀王震等老一辈无产阶级革命家，为了继承、发扬中国人民解放军的光荣传统和生产建设兵团的优良作风，为了弘扬涂治院长严谨治学的教育思想，新疆农业大学各民族师生、员工将永远铭记新疆八一农学院的光辉历史。”

学校首批学生

1952 年 4 月 7 日，原新疆军区王震司令员宣布了“取消第二步兵学校，成立八一农学院”的中央命令。几天后，他又给驻疆部队下了一道选送优秀指战员到八一农学院上大学的命令。各部队像完成战斗任务一样火速传达执行。半个月后，几百名学生背着行李，陆续入校报到。其中有男生 674 人，女生 228 人。这些学生大部分是部队中优秀的指战员，其中有跟随毛主席爬雪山、过草地的长征干部，有在土地革命、抗日战争和解放战争中立过功的战斗英雄，还有部队大生产的劳动模范。他们上至师长，下至战士，有军事干部、政治干部，也有后勤卫生干部。他们的军龄有长有短，有 1928 年入伍的老红军，也有 1952 年参军的新战士。他们中间，在第二次国内革命战争时期参加革命的有 11 人，在抗日战争时期参加革命的有 36 人，在解放战争时期参加革命的有 302 人，中华人民共和国成立后参加革命的有 553 人。他们的年龄有大有小，最大的 50 岁，最小的 13 岁。17 岁以下的有 114 人，18 岁到 25 岁的有 580 人，25 岁到 35 岁的有 173 人，36 岁到 44 岁的有 29 人，45 岁以上的有 6 人。论级别，他们中师团级 56 人，营连排级有

278人，战士568人。他们的文化程度有高有低：大学毕业的有45人，占学生总数的4.99%；高中毕业的有275人，占学生总数的30.48%；初中毕业或相当于初中程度的有399人，占学生总数的44.23%；小学程度的有181人，占学生总数的20.06%；还有2人刚摘掉文盲帽子。

我院首批入学的新生中，新参加革命的男女知识青年较多，他们的文化程度比较高，这对于学习农业科学知识较为有利。另一部分是久经战斗考验的老同志，他们不仅有对敌斗争的经验、农业生产建设的经验，并且还有较高的政治觉悟。其中大部分具有高中以上文化程度，只有少数人文化水平较低。我院首批新生进校，事先没有确定专业和班级，但由于部队纪律严格，一切行动听指挥，没有发生过违反纪律的现象。当时学生在选择专业方面思想有点乱，有愿学农业机械的，有愿学畜牧兽医的，有愿学水利工程的，有愿学森林的，甚至还有什么也不愿学的。鉴于以上情况，学院请军区领导来院做形势与任务的报告，组织座谈讨论，端正学习态度，巩固学农思想。通过讨论，大家认为学什么专业都是为革命学本领，为新疆农业发展做贡献。

学校在稳定了新生的情绪并解决了他们的上述思想问题之后，即进行了文化测验，按考试成绩将他们分入农学、森林、畜牧兽医、水利4个专业。其中本科4个班，学生153人；专科4个班，学生337人；短训4个班，学生408人。在短训班中还有来自五军的25名维吾尔、哈萨克族学生。各系学生人数有多有少，农学系5个班，学生435人；农经系两个班，学生74人；森林系两个班，学生64人；水利系两个班，学生91人；畜牧兽医系两个班，学生87人；农机训练班有学生147人。农学系因学生人数较多，除本科1个班外，还组织了3个中队。棉花专修科两个班，学生100人，为第一中队；粮食专修科和园艺专修科两个班，学生100人，为第二中队；棉花训练班有学生185人，为第三中队。系设主任和政治协理员，中队设中队长和政治指导员，学生班设正副班长。

同年5月初，学生组建工作全部结束，全院师生、员工都投入了紧张的建校劳动。学生以班为单位，有翻修房顶的，有脱土坯修房子的，有粉刷墙壁的，有修路开渠的，有开辟试验田、苗圃、花坛的，还有修理桌凳的。建校劳动不仅为国家节省了开支，改善了学习环境和学习条件，同时还培养了劳动观点。经过两个月的劳动，古老的荒地变成了一片片规划整齐的试验田，平坦、笔直的道路两旁栽上了行道树。教室宿舍被粉刷一新，自制的教具摆在用木板和土坯垒成的实验台上，布置得十分好看。运动场和图书馆也大变样了。虽然大规模的建校劳动结束了，但学生大部分课余时间仍用于修厕所、盖伙房、砌墙、编抬把、扎扫帚、修锁子等。什么领啊、要啊，在他们看来，当“伸手派”是最不光彩的事情。生活上大家都树立了“以艰苦为荣，以劳动为荣，以节约为荣”的好思想、好作风。同学之间在部队是上下级关系，如今见面仍然互敬举手礼。他们互相谈心，互相学习，同排一个队，同吃一锅饭，同唱一支歌。不论进饭厅吃饭，还是到礼堂看电影、听报告都是排队唱歌，“三大纪律八项注意”成了每个学生自觉遵守的行动准则。学习上他们“互教互学”“包教包学”，按文化高低结成“对子”，订立“包教包会”合同，以求达到共同提高的目的。

同学们虽然生活艰苦，心情却非常愉快，学习的积极性和热情高涨。他们都有一颗勤勤恳恳为人民服务的红心，有坚强的革命意志和刻苦学习的精神。他们白天学，晚上也学，有时为完成一道作业题在油灯下学到深夜。一个学期过去了，他们克服了文化低、年纪大、身体差、记不住等困难，终于取得了优异的学习成绩。他们最大的特点是善于把书本知识与生产实际紧密结合起来，能说能干，说到就能做到。他们为什么在学习中能表现出这样顽强的刻苦精神呢？用首批新生中一位副营长写的学校生活回忆录中的一段话来回答吧：“×月×日，我为做一个习题一直在灯下钻到深夜，当习题快要做完的时候，突然觉得脑袋好像要爆炸一般，两耳轰轰隆隆直响，紧接着两眼发黑，左臂的伤口也隐隐作痛，后来我就昏迷过去了。当我醒来时，发现自己躺在床上，前额上盖着一条湿毛巾，床前有几团散发着酒精味的棉花球，时间已经是第二天第二节课的时候了。我一骨碌从床上爬起来想往教室跑，谁知刚走了几步，两腿一软又倒下去了。我突然想起在一次战斗中，一口气刺死五六个敌人，当刺刀从最后一个敌人胸膛里拔出来时，我也昏了过去，鲜血染红了土地，可是就在这一刹那间，我马上站起来又和敌人进行了战斗。当我想到这里时，浑身一使劲儿站起来，一口气跑到了教室……”这样的事例还有许多。

建校初期的教学组织与管理

八一农学院的创办人王震将军于 1952 年 8 月 1 日的开学典礼上向全院师生讲话时指出：“八一农学院的办学方针是‘理论联系实际，教学结合生产’，培养的学生既有理论知识，又有实际操作能力。要面向生产部队，培养合格的人才。”建校初期的办学目标是满足生产部队对农牧业管理人才和技术人才的需要。因此，系科也完全根据新疆地区农牧业生产所需要的专业人才和当时的条件而设立。在学制上采取了长短结合、本科与专科并举的办法，设有农学系、农田水利系、森林系、农业经济系、畜牧兽医系和农业机械班。专业设置有农学、森林、水利、畜牧四个本科，学制四年；棉花、粮食、园艺、森林、水利、畜牧、会计七个专修科，学制两年；师团级干部农业经营管理班、农机班、植棉班和普通农业班四个训练班，学制一年。

各系（班）设主任与政治协理员：王桂五教授任农学系主任，王成玉同志为政治协理员；梅成章副教授任农田水利系代理主任，崔玉魁同志为政治协理员；赵宗哲副教授任森林系代理主任，姬野黎同志为政治协理员；吴华宝老师临时负责农业经济系工作，薛清绍同志为政治干事；张传琮副教授任畜牧兽医系代理主任，李盛华同志为政治协理员；李敬五同志临时负责农业机械班工作，徐九喜同志为政治协理员。

创办初期的首批学生是从驻疆部队中选送来的优秀指战员。入校后经审核凡具有初中以上文化程度的学生，按考试成绩编为本科或专修科。凡初中肄业以下至认识500字并具有生产经验的学生编为农机、植棉训练班。各系学生人数有多有少：农学系5个班，学生435人；农业经济系两个班，学生74人；森林系两个班，学生64人；农田水利系两个班，学生91人；畜牧兽医系两个班，学生87人；农业机械训练班有学生147人。农学系因学生人数较多，除本科一个班外还组织棉花、粮食和园艺3个中队。中队设中队长和政治指导员或政治干事。学生班设级长、副级长，级设有“革命军人委员会”，委员会中设有文体委员、生活委员、学习委员。级下设若干小组，各组成员按文化高低搭配，平时开展互教互学活动。1952年9月29日向高教部呈报的报表显示，本科、专修科、基础课教师共有77人。其中，教授2人，占教师总人数的2.6%；副教授13人，占教师总人数的17%；讲师23人，占教师总人数的30%；助教32人，占教师总人数的41%；未评定职称的7人，占教师总人数的9%。本科专业教师有30人。其中，教授2人，占本科专业教师总人数的6.6%；副教授9人，占本科专业教师总人数的30%；讲师10人，占本科专业教师总人数的33%；助教9人，占本科专业教师总人数的30%。教师人数按专业分布为：农学专业有教授2人、副教授2人、讲师4人、助教4人，合计12人；森林专业有副教授3人、讲师1人、助教1人，合计5人；兽医专业有副教授2人、讲师3人、助教4人、合计9人；水利专业有副教授2人、讲师2人，合计4人。全院共组建了20个教学小组，各教学小组人数不等，多则10人，少则1人。计有棉作组3人，由王桂五教授负责；虫害组6人，由黄大文讲师负责；植物病理组3人，由张瀚文讲师负责；土壤肥料组3人，由王至培副教授负责；植物组3人，由郭钧讲师负责；园艺组3人，由王盛藻讲师负责；粮食组 3 人，由张景华副教授负责；测量组 6 人，由严赓雪副教授负责；林学组 1 人，由赵宗哲副教授负责；畜牧组 2 人，由郝履端副教授负责；绵羊组 2 人，由张传琮副教授负责；解剖组 4 人，由卓护祥助教负责；细菌组 2 人，由陈谋琅副教授负责；水利组 2 人，由梅成章副教授负责；统计组 3 人，由朱甸余讲师负责；簿计组 4 人，由黄翼副教授负责；农学概论组 4 人，由吴华宝老师负责；物理组 5 人，由张元康老师负责；化学组 10 人，由谭杰老师负责；数学组 8 人，由陈一鸣老师负责。20 个教学小组按系归属有多有少，多到 7 个，少则只有 1 个。农学系有棉作组、虫害组、植物病理组、土壤肥料组、植物组、园艺组、粮食组 7 个教学小组，森林系有测量组、林学组两个教学小组，畜牧兽医系有畜牧组、绵羊组、解剖组和细菌组 4 个教学小组，农业经济系有统计组、簿计组、农学概论组 3 个教学小组，农田水利系只有 1 个水利教学小组。另外，数学组、物理组和化学组 3 个教学小组均隶属教务处，受其直接领导。教学小组的任务是负责组织教师认真备课，开展教学法研究、制作教具等。各课主讲教师应写好讲稿，在未正式向学生讲课前，必须在教学小组试讲，经讨论修改后再上讲台。各教学小组还每周邀请学生代表召开座谈会征求意见，了解学习情况。这些措施对提高教学质量起了重要作用。

建校初期，学校继承并发扬了人民解放军优良的政治工作传统，在师生、职工中加强政治理论教育，给学生讲授中国革命史、联共（布）党史、政治经济学等三门政治课，为教师和干部举办马列主义夜校，对工人进行时事政策教育。通过政治理论教育，引导人们树立正确的政治观点。另外，还开展“立功创模”、总结评比等一系列活动，不仅保证了教学工作的顺利完成，而且培养了良好的品德和作风。学校在管理上实行军事化，师生职工都穿军装，佩带“中国人民解放军”胸章。同学之间见面互敬军礼。他们互相谈心、互相学习，同排一个队，同吃一锅饭，同唱一支歌。不论进饭厅吃饭还是到礼堂看电影、听报告都是排队唱歌，“三大纪律八项注意”成了每个学生自觉遵守的行动准则。同学们仍然过着早出操、晚点名、周末会、开展批评与自我批评的与连队相差无几的军事生活。学校创办初期，由于师资力量薄弱，学生文化水平参差不齐，教学上经验缺乏，仪器设备简陋，图书资料奇缺，大部分领导干部和工作人员不熟悉业务。在这种情况下，主要依靠政治思想工作的威力。突出体现了人民解放军艰苦奋斗、勤俭创业的光荣传统；体现了党的坚强领导和“理论联系实际，教学结合生产”办学方针的正确性。克服了种种困难，确保了以教学为中心的各项工作的顺利完成，为学校日后的发展打下了坚实基础。

值得铭记的现场教学

八一农学院从创办起一直坚持“理论联系实际，教学结合生产”的办学方针，它不仅对当时的部队大生产运动起了“立竿见影”的效果，而且对后来的教学、科研和农牧业生产继续发挥着巨大的作用。20世纪50年代进行的现场教学就是“理论联系实际，教学结合生产”的典范，也是教学、科研和生产劳动相结合的一种良好的教学方式，兹以1959年进行的现场教学为例，加以叙述。1959年3月，全院陆续有80名教师和900名学生，除在本院试验农场、实习工厂和乌鲁木齐市南山牧场进行现场教学外，还到呼图壁、乌苏、阿克苏、沙湾、塔城、托克逊、英吉沙等地的国有农牧场和农村人民公社，对28门不同性质的课程进行现场教学。

当时的现场教学是按去各地的学生的班级、人数，组织大队、中队和小组进行三级军事化管理。如一个地方有几个班时，可成立大队，班为中队，中队再分成10人以下不同人数的若干小组。大队正副队长由教师担任，正副中队长由班主任和班长担任，小组长由学生担任。大队成立党团组织并定期出版“小报”刊登指示、公布课程表、反映各项活动、表扬好人好事、交流经验等。现场教学的师生由学校和所在单位共同领导，便于管理与研究、处理存在的问题。本着“农忙多劳动，农闲多教学”的原则制订现场教学、科研及参加生产劳动实施计划。在现场常驻教师的任课时间可分散安排；不在现场常驻的教师，可分阶段做几次集中安排，使所有担任现场教学的任课教师做到心中有数。对于上课、科研所需物资、材料、实物、图表等，事先做好准备。到现场后，请当地生产单位领导对当年生产情况做详细介绍，并将在当地现场进行教学的有利条件和不利因素向大家讲清楚，并提出具体要求。对教学地点、课表安排、劳动纪律、作息时间、会议制度等也及早做好安排。师生们一到现场便积极投入紧张的教学、科研及生产劳动。

现场是知识的海洋，可讲的东西、可做的事情、可讨论的问题很多。在现场教学工作的进行中，讲什么就做什么，这是先讲理论，然后实践；做什么就讲什么，这是先学操作后学理论。但无论是前者还是后者，都是在观察的基础上进行的。前者较为适宜，因为在讲后去做，有理论作指导，同时也可以使理论得到实践的检验，使所学的理论更为稳固、牢靠。在“讲做”或“做讲”之后，根据需要组织讨论，通过广泛的提问、讨论，使学习内容深入一步，将模糊不清的问题搞清楚。讲理论课的授课地点可灵活安排，如全部所需讲课材料可以携至室内的，在田间、室内讲授均可。如果在室内讲，教师和学生在课前均须准备好实物，讲后再到田间参加实际操作。作物栽培、果蔬栽培、植物保护等课程都可这样进行。实物不能携至室内的课程，必须到现场讲课，如农机课可到机耕队或农机站去讲，教师先挂图讲解机器的内部构造，因为机器中有些零件看不到，必须看挂图讲解，然后安排学生在机器旁边实习，实习中教师着重讲解机件功能、相互关联，然后让学生到大田驾驶，进行操作。

现场教学按计划进行，因时间有限，课程内容也有一定限制。如昆虫学与植物病理学课程内的病虫害，要讲的也不过20—40种。在现场看到的都在百种以上，显然没有足够的时间一一讲授，其他课程也有类似情况。解决的办法是，由两门或三门课程的教师共同到田间观察备课，分别提出要讲的内容及其先后次序，进行具体安排。然后抽出半天时间带学生到田间观察，分别进行讲授。这样做，对学生有好处，没学的学了，不清楚的搞清楚了，课程之间的联系紧密了，费时少而收获大。对教师来说，教课内容全面，可以相互学习专业知识和教学方法。现场教学中，教学进度与内容虽有安排，但在具体执行中要灵活掌握。如兽医课在现场教学时，当地发生了炭疽流行病，在教学进度的安排上，调整为先进行炭疽病的教学与科研，这样做既可收到良好效果，又可完成教学任务。因为现场教学是分组进行的，各组遇到的病症不一样，教学内容也不完全相同。在这样的情况下，采取分散与集中相结合的方式，分组进行一阶段后，再集中起来相互交流，补充讲授，使全队的教学内容和进度达到基本统一。

现场教学中要贯彻“能者为师”的原则，要调动一切积极因素，除充分发挥教师的主导作用外，必要时还可请所在生产单位业务干部讲自己主管业务的某一部分或介绍本单位成功的经验。此外，还可请生产经验丰富的老农工、老社员担任作业指导员或以座谈会方式介绍他们的经验。

现场教学和科学研究，对当地农牧业生产起到了十分重要的指导作用。教师到生产单位指导生产是义不容辞、理所当然的，也是教师和生产单位共同的愿望，但最初彼此都有顾虑。教师怕提出的意见生产单位不接受或有些意见不适合当地情况，难以照办。生产单位怕影响教学，不好麻烦教师。发现此问题后，各队（组）主动成立“生产指导小组”，分阶段到田间进行全面观察和了解，以书面形式对所发现的问题提出切合实际的解决办法，提交生产单位领导，由他们自行决定采纳与否。如被采纳，应在执行中进一步帮助指导，从而不断改进生产技术和经营管理。经过半年的现场教学，师生们在思想、教学、科研等方面均取得了如下收获：

第一，增强了劳动意识和群众观点。

学生们在下去之前，都订有计划。去后，以场队为家，与农工、社员同吃、同住、同劳动。还帮助农工、社员挑水、打扫庭院、清理厕所，给农工社员代笔写信，开展文娱活动，讲时事、讲文化，开办训练班等，赢得了场社领导和农工社员的好评。同学们在生产劳动中热情高涨，个个争先，不甘落后。他们一面劳动，一面研究生产中存在的问题，并深深体会到“粒粒皆辛苦”及“劳动创造世界”的真实含义。老师们除参加劳动外，还广泛搜集资料，吸取农工社员的生产经验，充实教材内容，促进了教学水平的提高。

第二，体验了生产过程，熟悉了操作技术，锻炼了独立工作的能力。

现场教学既可使学生学到专业理论，又能获得课堂上所不能完全学到的丰富知识，而且学了之后，马上就可以拿到生产实践中去印证。因此，对所学知识掌握得更牢固，同时，也锻炼了独立工作的能力。如农机系少数民族学生，过去总感觉机械使用与管理课难学。但通过现场教学，结合专业劳动，他们很快掌握了机务管理，机具编号和农具的安装、检修、使用、保管，以及犁、耙、播等的操作技术。又如畜牧兽医系学生初到现场给牲畜注射时，两手发颤，注射不进去，经教师讲解和几天的实际操作，变成了能手，许多学生每天可注射 1500 头牲畜。在本院实习工厂接受现场教学的学生，在教师和工人师傅的协同指导下，生产出来的产品，几乎没有废品。现场教学过程变成了生产过程，不但不影响生产，而且促进了生产任务的完成。

第三，现场教学为开展科研工作提供了有利条件。

现场教学使学生接触实际多，操作机会多，与此同时，学生在生产中遇到的问题也比较多。因此，这给学生提供了较多的研究课题，有助于其广泛开展科学研究工作。如农学系 96 位学生，本着“做什么研究什么”的原则，在教师的指导下进行选题，拟出研究提纲，最后写出了 169 篇科研报告。其中，冉新艺小组采集了当地野生植物 50 多种，制成了土农药十几种，经过实际测定，有 80%—100% 的杀虫效果，可在生产中推广使用。畜牧兽医系 100 余名学生在短短几个月的时间内写出了大小科研报告 312 篇，平均每人两篇。其中有 20%左右的科研报告达到了较高水平。为了治疗羊的疥癣病，在克辽林药品缺乏的情况下，经教师指导，他们研制出了 1%可湿性六六六（含有效成分万分之六）。用该药品进行绵羊药浴，经临床证明疗效达 100%。农机系学生进行了 46 个题目的科研工作，完成了快速割禾机、棉花断根机、打埂机等 8 项农机具的设计图纸。在教师和工人师傅的帮助下，还试制完成了 10 余种新产品。水利系学生李恪志经过 14 次失败，终于成功试制出 300 号水泥产品。

第四，巩固了专业思想。

现场教学之前，不少学生对所学专业认识不足，专业思想不够巩固。如林学系有一些学生认为学林不过是挖坑栽树，没有什么可学的。经过现场教学，他们从生产实践中认识到林业内容广泛。如森林改变干旱气候，防风固沙，改造大自然，以及林业木材对经济建设的伟大意义等。纠正了错误认识，他们表示愿意终身为祖国林业建设服务。农业经济专业也有一些学生对该专业认识不够，经过现场教学，深刻认识到农业经营管理不但是一门综合性的农业科学，而且在农业生产部门占有很重要的地位，于是下决心学好。畜牧兽医专业的一位学生在他的日记中写道：“想到发展畜牧业的重要，看到牲畜的死亡，恨不得一下学好专业。”也有一些学生体会到要发展农业生产，必须发展农业科学，需要一支强大的科技队伍来改变落后面貌，因而，激发了学习农业科学的浓厚兴趣。农机系的学生在现场教学地区看到地广人稀，劳动力不足，而且劳动强度大，对农具改革和农业机械化的必要性有了深刻的认识。通过现场教学，绝大多数学生的思想认识有所提高，学习专业更加迫切，从而形成了认真读书、刻苦钻研的良好学习风气。

通过四个多月的现场教学，师生胜利完成了教学任务，于8月中旬陆续返校。离开时，生产单位分别召开欢送会，赠送的锦旗共有十余面，师生们挨家挨户向生产单位领导、农工、社员进行了告别，深情厚谊令他们彼此难舍难分。许多学生在春耕播种、田间管理、夏收等劳动中获得了“劳动突击手”等各种荣誉称号。农学大队121名学生中就有115人受奖，农经大队一中队42名学生中获公社奖状的就有31人，林专33人中有11人被评为劳动突击手。返院后，学校又召开现场教学总结大会，肯定了成绩，表彰了现场教学中涌现出来的好人好事。

综上所述，现场教学是教学、科研、生产三结合的一种良好的教学方式。教学内容多半是观察类、操作类或者在校内难以教好、学好的，而生产单位的条件又优于学校的课堂。现场教学的最大好处是把道德教育与专业学习结合起来，将理论与实践、读书与劳动结合起来，边学边做，学了就做，做了又学。教学内容生动具体，教学方法灵活多样，因而取得了良好的效果。实践证明，无论是教学还是科研，必须结合生产，只有结合生产，才能提高教学质量和科研水平，培养有社会主义觉悟、有文化的劳动者。而教学与科研又以各自的形式服务生产、指导生产，促进生产的不断发展。1959年我院校办场（厂）有试验农场、头屯河农场、野果林改良场、农机工厂、化工厂、兽药厂、红专钢铁厂等，各场（厂）当年的生产总值为259.4万元。计划1960年的总产值和上缴利润指标要分别较1959年增加1.7倍。并要求各场（厂）积极创造条件，早日成为学校教学、科研、生产劳动三结合的教学基地。

学校首次举办的教学经验交流会

“八农”首次举办的教学经验交流会，经过三个多月的准备，于1958年2月23日开幕。教学经验交流以专题论文和实物展览两种方式同时举行。

教学经验专题论文共有39篇。其中，有关备课方面的论文8篇，有关授课方面的论文7篇，有关实验、实习、课堂讨论、习题课等教学环节的论文9篇，有关答疑和直观教材方面的论文7篇；有关课程论文和培养师资方面的论文8篇。以上论文正式在大会或小会上宣读，然后组织座谈讨论。讨论按论文涉及的内容分成五个小组进行。第一组召集人郝履端副教授，重点讨论备课和编写讲义、讲稿及运用教学大纲等内容。第二组召集人黄翼副教授，重点讨论授课及其相关内容。第三组召集人王桂五教授，重点讨论直观教材、辅导答疑、考查学生的平时成绩以及函授教育中的有关内容。第四组召集人严赓雪副教授，重点讨论习题课、课堂讨论、实验课、教学实习及生产实习等内容。第五组召集人张学祖副教授，重点讨论课程论文和毕业论文等有关内容。各组在充分讨论的基础上，由召集人将大家的意见汇总，然后分别在大会上进行交流。现将座谈讨论的主要内容分述如下：

一、备课

在讨论中，与会人员十分强调课前准备的重要性，一致认为认真进行备课，写好讲稿是决定教学效果和教学质量的关键。无论是新教师还是老教师、新开课程还是已经讲过多次的课程，都不应该忽视备课。备课要有重点、有系统，全面安排课程内容，并要熟悉掌握本课程的性质与内容，更要了解其发展方向。备课要安排专门时间，特别是上课前头一天晚上、再熟悉不过的课程，也必须进行准备。总之，授课质量的好坏，在很大程度上取决于备课的充分与否。

二、授课

授课是一种教育的方法，是知识的传授过程，由教师和学生共同参与完成。常用的授课方法有历史法、逻辑法、综合法和分析法。但授课时不可能按照某种固定不变的方式进行，应当不受约束，富有创造性。授课中一定要介绍最新的科学成就，这是高等学校不同于中等学校教育过程的特点。授课是一种繁重的劳动，应当讲求技巧，经常不断改进授课方法，提高教学质量。在授课过程中要发挥教师的主导作用，吸引学生的注意力，使学生的思想活动过程和授课过程完全融合在一起。因此，授课内容必须条理分明、重点突出。同时，以生动的方式加以表达，启发学生进一步钻研并独立思考。学生的思路应循着授课的进展。当教师肯定一个问题的时候，学生也觉得有充分的理由这样肯定；当教师做出一个推论的时候，学生也觉得这样的推论是很自然的；当教师指出某一个问题，还没有定论，需要进一步探索的时候，学生也感觉问题需要继续研究解决。在授课的过程中，学生感觉到自己思维活跃，在这种情况下，学生的注意力自然很集中，理解也比较深刻。

三、实验课

实验课按指导书进行，编写指导书时要提出实验课的目的与要求，要留给学生充分的独立思考和联系实际的空间。指导教师除要求学生实验有结果外，还必须经常纠正使用仪器的错误。实验课要严格要求，特别在使用仪器方面，要按一定程序进行，如显微镜、经纬仪、精密天平、绘图仪等的使用。这样不但可以提高实验课效果，同时也可以帮助学生养成使用各种仪器的习惯。实验课必须进行预习，预习时主讲、助教、辅助人员共同进行，这样做不但可统一操作方法，也可针对具体问题来充实做实验前讲解的内容，更重要的是针对学生在实验中提出的问题，主讲、助教、辅助人员不论谁答复，均可以取得一致的答案，而不至于有差错。对于在实验中被经常使用的仪器，可以按实验小组数固定，放在一定的位置并附有卡片，注明名称与数目。此外，在绘图、编写、交报告的期限等方面也要严格要求。

四、课堂讨论

课堂讨论是教学中的一个重要环节。课堂讨论必须事先做好准备，选题是准备工作的重要环节。题目要具有理论性，同时也要联系实际，题目不要过多。写好发言提纲也是做好课堂讨论的关键，教师要检查学生的发言提纲，帮助学生反复修改。讨论方式可大会或大小会结合。讨论中如涉及面较广，可用提示的方法加以限制，提示要明确、及时、肯定。每个学生发言后，教师可表扬其中的准确部分或加一些启发式的暗语。课堂讨论的总结是必要的，包括讨论内容和讨论方法的总结，也可以对学生做一些评论，着重在学生的独立思考、分析综合、归纳总结等方面做出适当的评价。

五、直观教材的利用

利用直观教材配合授课，效果是良好的，尤其采用实物标本，收效更大。不仅节省了教师冗长的口头解说的时间，更重要的是使学生获得了具体而深刻的实物印象，有利于其深入领会授课内容，从而达到巩固教学效果、提高教学质量的目的。关于图表的利用，大家认为简单的图表可在课堂上边讲边画，较复杂的图表可预先绘制，以节约时间。但图表不能使用得过多，否则会影响进度。关于实物标本的利用，具有代表性的标本模型展示配合讲授，收效也是较好的，尤其是利用解剖模型效果更好。传看实物不应在授课时进行，以防学生注意力分散而影响听课。还可以利用幻灯机连续放映，使学生看到系统的知识，记忆也较深刻。但幻灯机只适用于晚间辅导时使用，使用次数也不宜过多，以免占学生自习时间。

六、辅导答疑

辅导答疑有“口头答疑”和“书面答疑”。口头答疑又分为“个别答疑”和“集体答疑”。讨论时一致认为应以口头答疑为主，书面答疑为辅。因为口头答疑既及时又明确，深入透彻，易于了解，使问答者的思想易于沟通，而且在答疑中容易发现新问题。个别答疑和集体答疑，应以个别答疑为主，集体答疑为辅。集体答疑应在个别答疑的基础上进行，它不是授课的重复，应采取启发、诱导或质疑等方式，引导学生思考问题。不论采取何种答疑方式，教师都应有诲人不倦的精神。对学习较好的学生，应着重启发、诱导，使其更加深入地理解问题；对学习较差的学生，也应耐心指导，详细解释，哪怕问题再简单，也不能草率回答。

七、课程论文

课程论文是对一门课程的综合理解和总结。因之，题目不宜太多或太少，否则就失去了总结的意义。它只是加深学生对这门课程某一部分的了解，或培养学生利用文献独立思考能力的一种方式。题目多少不必硬性规定，应根据课程性质和讲授内容来决定。要不要审阅初稿也应根据不同的情况来决定。参考资料必须与课程内容相近，资料不宜太多，内容不宜太深、太广。

座谈讨论除上述7个专题外，还广泛涉猎了如何运用教学大纲、如何考查学生的平时成绩，在函授教育中如何进行书面辅导、批改作业，以及撰写毕业论文和师资培养等内容。总之，交流的内容十分广泛，讨论比较深刻，对于提高教学质量有十分重要的意义。

教学展览分7个部分、15个展厅，共展出各种图表1616张、标本1572种、各种实物374件、各种模型101个。此外，展出有关教学和科研等方面的资料1014份。不同的专业展厅有不同的特点：农学、畜牧兽医两个系展出的标本实物较多；农经系以图表说明教学活动和内容；林学、农机、水利三个系模型在直观教材中比较突出。展品中教师自制的直观教材和师生采集的标本实物较为引人注目。在7天半的展览时间内，院内外参观人数6000人次左右。观众对教学展览评价较高，一位观众在意见簿中写道："你们人员编制这样少，工作这样忙，建校历史又这么短，能有这样大的成绩，是值得我们学习的。尤其更可贵的是这些直观教材全部是自制的，实在令人钦佩。"年初各系先后进行了预展，预展中，各教研组根据群众提出的意见，进一步补充并重新加工了自己的展品。预展对提高展品质量有十分重要的作用。通过预展改正了缺点，同时也可互相学习，取长补短，更重要的是预展引起了领导和教师们的重视，进一步推动了展品的质量和制作的速度。这次展出的多是直观教材，但对科学研究、师资培养、系和教研组工作等方面的经验，不但推广得少，而且有关论文写得也不多。因此，仍未总结出这方面的经验教训，有待今后继续努力。

举办教学经验交流最基本的目的是把学校的教学工作推向一个新的阶段，也就是要改进教学方法，提高教学质量。这次举办的教学经验交流会，各教研组乃至每个教师都下了功夫，比较系统地总结了备课、授课、实验实习、课堂讨论、习题课、辅导答疑等各教学环节的经验。通过座谈讨论，相关人士对许多问题有了进一步的认识。这次展出的展品，全都是由教师、教学辅助人员及部分职工亲自动手制作的，为国家节省了开支。今后要坚决贯彻勤俭办校的方针，少花钱多办事，提高教学质量。教师们通过教学经验交流、座谈讨论、参观展览互相学习，取长补短，对开展教学活动，提高教学质量起到了十分重要的推动作用。

建校初期的教材建设

八一农学院是由部队白手起家创办起来的，创办初期一无所有，各方面困难重重，教学尤甚。有的教师上课，既无现成教材，又无参考的图书资料，真是难上加难。1953 年在所开课程中，采用翻译的苏联教材有 6 种，有 28 门课采用了 437 种高教部推荐的教材和参考资料，有 54 门课结合新疆实际需要自编教材。1955 年采用苏联教材有所增加。为适应当时的教学需要，成立了俄文翻译室，为各系各专业翻译了所需的苏联教学参考资料 70 余万字。高教部推荐的教材多为数、理、化基础课和专业基础课方面的，还有一些专业基础课选用了国内各大专院校编印的教材，没有一门适合新疆农牧业发展的专业课教材。当时的教学是按照“教学结合生产”的原则安排的，冬季在校上课，春季到军垦农场或深入农牧业生产第一线，进行一个生产周期的教学实习或生产实习。教师担任师、团的农业委员，高年级学生担任生产连队的技术副连长。1952 年—1954 年，先后有 93 位，教师一面当农牧业生产的参谋，指导农牧业生产，一面为编写教材搜集资料，返院后将搜集的资料整理出来，有的选用同类教材为蓝本，联系新疆实际，不断充实教材内容，也有的从零开始，搜集资料、积累资料、整理资料，拟出提纲，先编写教学大纲，然后编写教材。1958 年下半年，中共中央、国务院在《关于教育工作的指示》中指出："高等学校教材，应该在学校党委领导下，采取党委、教师、学生三结合的方法，经过大鸣大放、大争大辩，认真予以修订。"不久，教育部召开了专门的教材会议，交流经验，推荐较好的教材，确定了全国通用的那一部分教材。1958 年 4 月，当时的农业部在南京农学院召开"高等农林院校教学现场会议"，在会上讨论通过的《关于高等农业院校现行学制改革的意见》中指出："要彻底改革重复、陈旧、理论脱离实际的教学内容，根据生产的需要和发展，编写各门课程的教学大纲和教材。在编写过程中发扬校际的协作精神，互相交换资料，这样可使各院校的教材能全面地反映农业生产中的先进经验，编写适合中国的教学大纲和教材。"会后不久，农林部又在《关于高等农业院校教材编写工作的通知》中进一步明确指出："各专业的基础课和专业基础课，因为地域性差异不大，由我部统一组织编写。各专业的专业课教材要反映本地区的生产实际，有着较大的地区性，必须由各校自行编写。"中共中央、国务院的指示和农业部召开的南京会议精神均对八农建校初期党的教育方针贯彻、学制改革及教材建设起了指导和推动作用。1959 年全院所开设的专业课和基础课陆续增加到 97 门，其中，采用苏联翻译教材的课程占课程总门数的 18%，采用高教部推荐教材的课程占课程总门数的 29%，采用自编教材的课程占课程总门数的 53%。自编教材的编写已完成 43 门（其中有 12 门为协作区编写的教材）。有少数专业课还没有比较适用的教材；已完成的这些教材，尚需进一步补充和修订。

为加强教材编写与修订工作的领导，于 1959 年 5 月，"八一农学院教材编审委员会"成立，由涂治院长担任委员会主任，孟梅生、张子厚、王桂五、黄和瓒、赵宗哲为副主任，王增贻等 17 人为委员。在教材编审委员会第一次会议上，由副主任委员张子厚报告了全院教材编写的进展情况后，参加会议的委员进行了讨论并提出了如下要求。

1. 拟出“关于编写教材的若干要求”，经院教材编审委员会讨论通过后，公布实行。

2. 各系将自编教材名称、参加编写教师姓名、工作计划等上报委员会并深入实际搜集资料，抓紧时间编写或修订。

3. 为保证编写时间，凡参加编写教材的教师，在一定时间内免除公益劳动。

4. 编写教材所需纸张及其他用品要做出预算，上报委员会核准后，由设备科供应。

5. 编写自用教材与协作编写教材要求相同，争取达到较高水平。

6. 初稿完成后，先由教研组全体教师审核修订，再由系编审工作小组进一步审查，最后报院编审委员会审核定稿。

会后不久由教务处拟定了《关于编写教材工作的若干要求》，经院教材编审委员会讨论通过后公布，现简要叙述如下：

1. 各系编审小组采取教师与学生相结合的办法，广泛搜集资料，进行分析与整理，迅速完成编写前的准备工作。

2. 根据教材分量、教师的业务水平及工作经验等条件，从编写人员中指定一两人为主编，负责编写工作。其他参加人员则负责搜集、整理资料。

3. 教材内容应遵循先进的、科学的、符合新疆实际的、群众性的原则要求，力求做到：

（1）教材内容要有高度的政治思想性，必须贯彻党的农牧业生产建设的方针和政策；要以辩证唯物主义的观点和方法作为指导思想。

（2）教材内容既要有先进的理论，又要有群众的生产经验。

（3）编写教材应联系新疆实际，以便更好地解决新疆农牧业生产的实际问题。

（4）教材应有系统性、连贯性，名词用语必须统一，结构严谨，语法正确，用词准确，标点清楚。

4. 需用的参考资料由编写人员自行搜集，指定专人，妥善保管。

5. 各系编审小组应严格掌握完成计划的时间，经常检查、督促，按期完成编写任务。

6. 各系各教研组应发挥协作精神，共同完成编写教材这一艰巨而光荣的任务。

在教材编写过程中，还召开了一次规模较小的编写教材经验交流会，就编写教材的经验和体会进行交流。在交流时大家认为，编写教材大致可分三个阶段：第一阶段是准备，第二阶段是写作，第三阶段是审阅与修改。

教材编写前的准备工作包括研究教学大纲、浏览相关原始资料、拟订编写提纲等。教学大纲是一门课程贯彻教育方针，反映思想性、科学性与系统性的基本文献。研究教学大纲的目的在于体会教学大纲的基本精神、重点和要求。按教学大纲的内容广泛浏览有关原始资料、最新的经验与科研成果。在此基础上，把已掌握的知识和生产实践的经验、体会加以系统化，整理成所编教材的详细提纲并列出章节及每节所论述的主要问题和论点。根据所编教材的详细提纲精读各种参考资料，对重点资料要做摘录并注明出处，以便写作需要时加以参考或引用。

写作是用文字反映客观事物的理性认识，应运用判断和推理的方法把许多感性知识、思维活动加以系统化。阐述问题时要系统，概念要明确，论证要有据。对于写作内容要全面考虑，不应只考虑某章某节，不厌其详地涉及过多的内容，不管与其他章节或其他课程的联系，以致造成不应有的重复。文字要简练，要通俗易懂。如果文句冗长或造句生硬，甚至词不达意，都会影响学生的学习效果。

审阅与修改是提高教材质量必不可少的步骤，初稿完成后由教研组组织讨论、审查，必要时可请有关教研组教师和学生代表共同参加，根据讨论意见进行修改，经系审查小组复审后，报送院教材编审委员会审核定稿。

1958—1959 学年的开学典礼上，涂院长在所做的总结报告中说："本学期我们共编写了 36 门课的教材，除参加协作区的有 13 门外，其余都是自编自用的教材。这些教材有两门已经完成，有 9 门将在 9 月底完成，有 8 门 10 月底可完成，其余都可在 11 月和 12 月完成。新编教材吸取了生产上、科研上的一些新的成就，增加了不少新内容，不仅有科学理论的阐述，而且也联系了新疆农牧业生产的实际，适当地结合了国内外的情况，这些教材完成后，教学质量将有很大提高。"

1960 年春，在全国掀起的大搞技术革新和技术革命的运动中，院党委在继续深入教学改革，重点是教材改革的决定中指出："1958 年中共中央和国务院发出教育革命的指示以来，我们在贯彻党的教育方针方面取得了很大的成绩，但应该看到在教材内容方面，虽然几年来不断修改和补充，但还存在不少问题，必须进行彻底改革。"随后，院成立教学改革办公室，各系成立教学改革领导小组，组织全院师生认真学习院党委关于教学改革的指示及其他文件。各系先后召开了各种座谈会、讨论会，大家对各门课的教材提出了不少意见，院教学改革办公室汇总后认为：

一要狠抓思想。对教材改革中的一些顾虑、消极、等待、怀疑、抵触等思想情绪，要及时通过各种有效方式解决。

二是抓重点。已经确定改革的重点教材要力求"破透立牢"，充分发动群众进行"五查"，每一章节都要精雕细刻、反复琢磨，以便达到"中国的、群众的、现代的和高标准的"要求。

三是抓经验。要重视并积累教材改革的经验，总结好组织领导、发动群众、开展辩论、问题处理、资料搜集、"五查"、改革效果等工作，为下一阶段的教材改革创造有利条件。

各系针对各课的不同情况，采取了不同的措施对教材进行改革。如林学系请林业厅领导做有关林业发展的报告。同时对森林经理课的目的、任务、方向等问题进行专题讨论。对该课各章节进行查思想观点，查脱离实际，查烦琐重复，查陈腐落后，查遗漏欠缺的“五查”。然后，从“调查—规划—设计”等一系列生产工序出发，砍掉了与森林学、测量学、测树学重复的部分，增加并补充了林业生产中的新经验和科研新成果。新教材打破了旧框框的束缚，建立了新的完整体系，由原来的14章改为10章，教材内容不是少了，而是更丰富、更适用了。又如农学系经过专题讨论，将土壤学附盐渍土改良和耕作学两门课取消，在两门课的基础上建立一门新的课程，即农业土壤学，系领导便组织教师立即着手编写该门课程的教学大纲和教材。新的课程是以改良和合理利用耕地土壤为纲，阐述荒地土壤的正确利用方式，以辩证唯物主义的观点，利用土壤的客观规律，通过综合的农业技术措施，加速并不断提高土壤肥力，为农业生产持续发展服务。再如畜牧兽医系经过座谈讨论和“五查”，将动物学、家畜卫生学等五门课取消，将这些课的主要部分并入其他课中讲授；将外科手术、外科总论与各论、内科诊断、内科、传染病、微生物、寄生虫七门课合并成疾病学概论与各论两门课；将病理解剖与病理生理合并为一门病理学；将解剖、组织胚胎、生理等三门课合并为一门解剖生理学。合并后各课的教学大纲和教材均以新的面貌和完整体系，以“中国的、现代的、高标准的”要求进行编写。还有如水利系、农经系、农机系等师生也在积极投入各门课教材的改革热潮之中。

综上所述，教材是根据教学大纲和实际需要为师生教学应用而编写的教科书、讲义等。教材的好坏、水平的高低直接影响到教学质量和人才培养目标的实现状况。办学初期的教材建设经历了一个从无到有、从有到完善的过程。在这个过程中凝聚着前代人的心血。随着学校历史进程的加快，经过多次的补充、修订，教材逐步完善。特别是1960年进行的教材改革，其规模之大，参加人数之多，涉及范围之广，在学院历史上是从未有过的。

建校初期的图书馆

新疆农业大学的前身——新疆八一农学院的图书馆于 1952 年 8 月，在原第二步兵学校图书室的基础上建立。馆内有图书 14800 册，新疆军区农业干部训练班撤销时，拨来图书 4000 册，共计 18800 册。这些图书大部分是中小学课本、军事和政治理论教育方面的通俗读物及农牧业方面的科技小册子。据统计，阅读过 5 人次以上的常用书只占藏书总量的 38%。馆舍在大礼堂（现在的档案馆）进厅内的三个房间，面积 100 平方米。先后调进工作人员 5 名，有邱龄、张绍芳、陈玉梅、李黎晴、张庆华，由邱龄主持工作，隶属教务处领导（当时我在教务处工作）。5 名工作人员的文化水平都不高，又缺少专业知识，对办大学图书馆心中无数，不知从何做起。正在为难之际，教务处党支部经研究决定，组织大家学习图书馆基本知识，让大家动脑筋、想问题，从书本中去找答案。经过一段时间的学习，大家对图书馆工作有了初步的认识与了解，然后组织参观当时新疆仅有的一所新疆民族学院（新疆大学前身）图书馆。通过参观学习，相互交流，形成两点共识：（一）高等学校图书馆是宣传马列主义、毛泽东思想的阵地，（二）高等学校图书馆的服务对象是教师和学生。因此，为教学服务、为师生服务是高等学校图书馆工作必须遵循的宗旨。在此认识的基础上，便着手清理馆藏图书。如进行个别登录，加盖刻有“八一农学院图书馆藏书”长条形的馆藏章，用“杜定友十进图书分类法”类分图书，书写卡片，组织目录，经加工后图书入库排架。不久，按上述程序，胜利完成了馆藏图书清理工作。然后分别邀请各教学小组入库选择与本课程有关的教学参考书，另辟图书阅览室。室内陈列马列主义经典著作、工具书、思想教育类图书及各门课程主要参考书，每种一册。师生进入图书阅览室，可从书架上自由取书阅览，阅后归还原位。该室图书只供室内阅览，概不外借。还辟有报刊阅览室，室内陈列各种杂志和报纸，阅览规则与图书阅览室同。图书与报刊两个阅览室，每天开放12小时左右，节假日轮流值班，照常开放。

创办初期，馆藏数量少，品种不多且不对路，远远满足不了教学需要，供求矛盾十分突出。为了解决政治理论思想教育类图书和各门课程主要参考书的购置问题，由各系和教学小组提出申请购书目录，经图书馆汇总后，从新华书店选购，与外地书店及有关出版社联系邮购。虽然购进了一批马列主义经典著作、政治理论类图书和教学参考书，但由于经费限制和书源不足，仍未解决教学需要的基本用书短缺问题。在制订图书采购计划时，本着勤俭节约的原则，突出重点，照顾一般，图书品种不能面面俱到，复本不宜过多。此外，图书馆经常与本地新华书店和外地几个书店及有关专业出版社联系。收到新华书店和出版社编印的新书目录后，及时送各系、各教学小组圈选，由图书馆汇总后统一订购。新书到馆后经分编整序，编印新书目录，发至各系、各教学小组和学生班级。

总之，图书馆在创建时期，办馆方向和指导思想是比较明确的，虽然由于当时各项工作尚处于摸索之中，加上工作人员缺乏业务知识，也走过一些弯路，但在不断总结经验的基础上，各项工作均取得了一定成绩，为配合教学做出了一定的贡献。

1954 年 10 月礼堂发生火灾，礼堂内陈列的书刊有所损失。火灾发生在一个星期六的晚上，全院师生、职工、家属正在礼堂看电影，开演不久即停演，大家还以为片子断了。这时校办一位名叫刘克访的人急忙上台对大家说：“有情况，请大家不要乱，先让前面坐的幼儿园小朋友退场。”小朋友们退场后他宣布说：“礼堂失火，请大家赶快救火！”全院师生、职工迅速在楼周围主动排列成为多行队形，从室内向外转移图书、桌椅及各种家具。又从室外用水桶和洗脸盆盛水，传送到登上梯子站在墙头的人手中，让其向火泼水。从屋顶各天窗喷出的火舌浓烟滚滚，形成了一条通道，屋顶被铁皮严严实实地覆盖着，人们无法接近火。消防队来了，迅速揭开屋顶铁皮，打开救火水龙头从东西两个方向将水喷向熊熊烈火，但因火势过大，加之楼顶皆是木架建造，终未得救，而且在水龙头喷水的过程中，转移出来的部分图书又被水浸湿。等大火结束后，礼堂只剩下了四面墙。后调查了解，起火原因是电线老化。

1955 年 7 月 20 日，图书馆搬入由失火礼堂改建而成的图书馆代用馆舍，总面积 1800 平方米。其中，书库面积 600 平方米，阅览室面积 1100 平方米，办公和工作用房面积 100 平方米。是年年底藏书近 4 万册，除失火后抢救出的原有部分藏书外，三年内购入图书 23000 余册。工作人员 12 人，邱龄、张绍芳调走，在原有陈玉梅、李黎晴、张庆华 3 人基础上新增顾久康、黄葆光、柴如生、鲁昌玉、李心弼、蒋启民、叶家摩、张俊和我，由我负责，仍隶属教务处领导。图书馆大厅内设有阅览座位 400 个，加上各阅览室设置的座位共有 500 个左右，当时在校学生人数 1577 名，平均每三个学生中就有一个阅览座位。进厅两侧的房间各设不同的阅览室，计有：农业科技图书阅览室、一般科学技术图书阅览室、政治理论图书阅览室、少数民族文字图书阅览室、俄文图书阅览室、西文书刊阅览室、农业期刊阅览室、一般期刊阅览室、过期期刊阅览室、报纸阅览室等。各室陈列的图书、期刊实行开架阅览。室内环境优美，光线充足，因此，吸引不少师生来馆阅读，尤其晚上更是座无虚席。

1956年党提出“向科学进军”的号召。同年12月召开了全国高等学校图书馆工作会议，我列席了这次会议。会上讨论通过了《中华人民共和国高等学校图书馆工作条例》，明确了高等学校图书馆的性质、地位、任务、作用、机构设置、人员编制、经费、设备等问题。这次会议是高校图书馆的进军大会，标志着高校图书馆事业进入了新的发展阶段。但由于时值中华人民共和国成立不久，物资短缺，落后局面尚未彻底改变，虽然形势大好，图书馆仍然发展得比较缓慢。当时我向领导提出“派人去北京大学图书馆学系进修”的要求，上级采纳，一面向北大联系，一面物色人选。条件是愿意献身图书馆工作，高中文化程度，年龄为20—25岁。但愿去学习的人却没有，要么不喜欢图书馆工作，要么因为家庭原因不愿外出学习。针对此种情况，时任院党委书记的孟梅生同志有点不高兴地对我说：“没人去，你去学！你愿意吗？”我虽嘴上说自己文化程度不高，但心里却非常愿意去学习。他接着说道：“你去学吧！就这么定了……”

当年8月20日，我乘汽车离开乌鲁木齐到甘肃境内换乘火车到北大图书馆学系进修图书馆学专业。在两年内要学完大专两年半的课程。再订进修计划时，我的导师陈鸿顺副教授对我说，减去两门课吧！我说一门也不减。这些课是：哲学等4门政治理论课、古汉语和俄语两门语言课、文艺学引论等7门文化基础课、图书馆学引论等11门专业课。我在学习期间还担任北大图书馆学系的党支部副书记和工会副主席。1958年结业回来后，被任命为图书馆办公室主任，仍担任图书馆领导工作。

1957年是建馆以来图书经费最多、发展最快的一年。为了加速藏书建设，学院先后派农学教师王至培、政治理论教师鲁耕尧、农机教师徐近孝分赴西安、北京、上海、南京等地搜购有关农业方面的专业图书。此外，图书馆采用与各专业出版社订立合同的办法，将所需要的几个大类的图书与有关出版社签订合同，由出版社主动发书。曾先后和农业出版社、水利电力出版社、机械工业出版社、科学出版社等建立过这种联系。在选书上采用“分选统购”的办法，如定期召集教师和资料员来馆协同选书，或由采购人员把新书目录送到有关教学小组和教师手中，请他们圈选。每年订中、外文期刊也是先由各系圈选，再由图书馆审定后汇总订购。此外，为了保证主要参考书的供应，每学期末，由开课教师按表格填写参考书目录，图书馆进行查对，所缺图书设法补购。以上补充图书的方式都收到了良好的效果。

这一年还将图书馆藏书进行了一次全院性大清理和大整顿。

1. 成立图书馆清理与整顿工作委员会，院长涂治担任主任委员，教务处副处长张子厚、农学系主任王桂五教授、森林系代理主任赵宗哲副教授 3 人担任副主任委员，下设委员 12 人。

2. 清理与整顿的目的是理顺图书财产，摸清家底，重新分类，修订制度，以便适应为教学、科研服务的要求。

3. 清理与整顿步骤：在清理与整顿委员会的领导与督促下，将图书馆工作人员分为四组：中文图书组、外文书刊组、期刊组、财务组。各组领导人由委员会产生并派专人做具体指导。

4. 解决的问题：

（1）机关、系、场、厂党政领导负责动员全体教职员工，凡图书馆书刊一律自动交回，大力支持这项工作。

（2）委员会组织人力审查旧书，凡内容陈旧甚至有错误的图书，必须剔除。

（3）图书馆（包括系资料室）藏书一律用“中小型图书馆图书分类法”重新分类。

（4）全院图书资料经费由图书馆统一管理并使用，统一采购书刊。

通过这次清理与整顿，收回了一些丢失的书刊，搞清了家底，清算了全院的图书经费，为图书馆藏书的发展打下了一定的基础。但由于“反右”斗争开始，图书清理工作未能进行到底。

1959年年初图书馆第二次失火，失火原因是屋顶铁皮生锈漏雨，在维修时，施工的工人将烟头掉在后面左边的屋顶上的保温层锯末中，导致起火。灾情危险，但损失不大。住在图书馆内的两位女同志半夜起来解手，外出时发现屋顶起火，快速敲开住隔壁的高学文同志的房门，并告诉他图书馆楼顶失火情况。高学文同志听后，迅速穿好衣服，跑进大厅，提起几个灭火器，上二楼翻过窗户，从屋顶直奔起火地点，打开灭火器操作，几分钟之后就控制了火势。楼顶起火处下面的室内陈列着报纸与杂志，天花板一角烧通，火星从烧通的空隙中掉在书架旁的木地板上，碗口大一处已被烧焦，有一触即燃之势。但因发现及时和救火动作迅速，未造成重大损失。

1959年，我担任图书馆党支部书记和办公室主任。当时，馆长、副馆长的位置空着，我党政一把抓，不但任务重，而且责任重大，但我一心想把工作做好，重点是一定要把图书馆的基础夯实。夯实基础的关键是整“乱”，图书馆先后使用过十进图书分类法、中国人民大学图书馆图书分类法、中小型图书馆图书分类法，这三种分类法本身都存在许多问题，加之每次改编都不彻底，造成的混乱更大，如不彻底根除乱象是无法夯实基础的。于是，党支部组织全馆人员开展了关于改编馆藏图书问题的大辩论。辩论中一部分人主张彻底改编，还有一些人主张局部改良。通过辩论，进行了两种思想和两种方法的斗争，从而统一了认识，肯定了彻底改编馆藏图书的必要性。最后还召开了改编图书誓师大会。会上，有的同志向党提保证，有的表决心，还通过了改编图书的计划。接着，进行了各项准备工作。年底开始，计划用一年左右的时间，将图书馆馆藏近20万册的图书，以中文、俄文、西文顺序统一用中国科学院图书馆图书分类法重新分类、编目、登录，按类排架，同时建立比较完整的目录体系。汉文图书的编目，按照文献出版社出版的《中文普通图书统一著录条例》进行著录。目录体系也按标准化、规范化的要求进行设置。改编汉文图书实行“流水作业法”，全部工序分四个环节：第一，分类编目；第二，图书加工；第三，登录；第四，图书排架。流水作业是从分类开始的，分类后将分类号与排架号用铅笔写在书名页右上角，编目员按照《中文普通图书统一著录条例》规定的项目刻写目录卡和书卡各一张，加入书中，经校对无误后进行图书加工。图书加工包括印刷、粘贴和注销三部分。印刷时以目录卡格式刻好的蜡纸，除印五张目录卡外，另加印一张登录页；书卡、书标每册书各印一张，印完后夹在书内进行粘贴。粘贴时，先将原来的书标撕掉，再贴上新书标，同时换新书卡，再用毛笔涂掉原登录号，然后进行登录。登录时用号码机在书的封面、书名页、封底左上角、登记页、书卡及工作目录六处打上相同的号码。登记完成后，图书入库按类排架，卡片按要求组织各种目录。在改编过程中，定期进行评比、奖励和总结。因此，在图书改编的整个过程，大家认识一致，工作情绪一贯旺盛。

在改编馆藏图书中，有三个问题必须处理好：

一是图书分类法要选择好。分类法一经使用，就能使馆藏图书保持相当时期的稳定性，不宜轻易改动。根据我馆藏书范围、专业特点和适应客观发展的需要，选定、使用了中国科学院图书馆图书分类法。这部分类法是中华人民共和国成立后出现的较完善的分类法之一，它的自然科学部分的类目比较细致，同时能适应科学技术的发展，整个体系基本上符合科学分类的要求，适合专业图书馆使用。一个图书馆能否统一使用一种分类法是当时争论的一个问题，我馆以中国科学院图书馆图书分类法将馆藏各种文字的图书进行分类和组织分类目录。实践证明，这样不但有利于图书采购和管理出纳，而且还便于读者根据其本专业的需要搜集、查找图书资料。我馆期刊也按照这个分类法的大类来分类并组织目录。我们认为一个历史不长的专业图书馆统一使用一种分类法是可行的。

二是要安排好改编图书与日常工作。在图书改编的同时必须安排好日常业务，以保证图书采购、流通和阅览不受影响。在改编前，先按各系所开的课程，将学生使用的主要参考书归入单独设的辅助书库，以突击的办法在短期内改编完毕，供学生使用。对进馆新书优先分编入库流通。文艺书另设书库，采用半开架方式照常流通。这样既开展了日常业务，又完成了改编图书的任务。

三是要利用社会力量组织好、安排好改编馆藏图书的工作。这是改编图书如期完成的重要因素。我馆能在一年多的时间内彻底改编 20 万册各种文字的图书，无不是依靠广大群众和社会力量的支持，否则是不可能在短期内完成的。我们在改编图书的过程中除雇用了三个临时工外，还利用了学生、家属、退休人员，并按他们的专长，分配其适当的工作，这样，就促进了图书改编任务的如期完成。在发动群众和利用社会力量方面，必须严格要求，加强检查。此外，还要配备一定的骨干力量，进行工作指导和质量检查。否则，将会造成工作混乱。

在党支部的领导下，图书馆全体工作人员经过一年多的辛勤劳动，一年内每天加班到深夜，到 1960 年年终基本完成了汉文、维吾尔文、俄文图书的改编。其他文字的图书也可按计划全部完成。图书改编给读者带来了很大的便利，同时由于各种文字的图书被采用统一的分类法类分，师生利用目录和入库选书也得到了极大的便利。更重要的是，为日后的发展打下了坚实基础。

1961 年初开始编写《八一农学院图书馆工作手册》（以下简称《手册》），首先说明一下为什么编《手册》，它对图书馆建设与发展有哪些作用？1958 年 5 月，我在北大图书馆学系学完了全部课程后，到中国人民大学图书馆进行了全面实习。在这个过程中，我逐步认识到，图书馆工作具有承上启下的特点，如各行其是，前后不一，就会造成混乱。如果编一本工作手册，能否解决这个问题？有一次，我把这个想法告诉一起进修的太原工学院图书馆刘宛佳同志，她非常认同。于是，我俩用一个多月的时间共同研究起草了《手册》的框架手稿。并多次征求系里部分老师此手稿的意见，他们也很认同。这个框架手稿对编写《手册》起了十分重要的作用。参加编写的有祁颐、顾久康、方正、陈玉梅等。从表面看，《手册》所述内容都是些零零碎碎、无关紧要的事，其实不然。它把图书馆的书刊、工作人员、读者紧密凝结成为一个整体，使之相互联系。它是科学化、规范化的指令性文本，是图书馆各项业务工作保持一致的依据，也是图书馆领导工作的帮手。多年来的实践表明，这本《手册》虽然不够完善，有些地方不够准确，但对图书馆的发展，对各项工作的统一，均起了十分重要的作用。

1962 年，图书馆成立十周年，全馆上下对十年来的图书馆工作进行了全面总结，藏书总数略超 20 万册，其中汉文图书 15 万册，俄文图书 2 万余册，英、德、日等文字的图书 2 万册。每年还订有中、外文期刊 700 多种，其中中文和俄文期刊各 200 多种，英、德、日等文字期刊 300 多种。图书馆工作人员 11 人，其中大学文化程度的 5 人，高中文化程度的 5 人，初中文化程度的 1 人。在工作人员中，学过图书馆学专业的有 3 人。图书馆机构分为一室两组：办公室、图书整理组和对外服务组。在党支部的领导下，办公室负责领导全馆业务和工作人员的思想教育工作，图书整理组负责图书的采购、分编、加工和目录组织等工作，对外服务组负责书刊的典藏、流通、阅览、参考咨询等工作。

藏书是图书馆存在的物质基础，藏书建设（现称之为“文献资源建设”）是图书馆工作的重要组成部分，也是办馆特色不可缺少的又一重要因素。办馆初期，我们不重视采访工作，因而缺购、漏购及重复浪费不少，藏书比例不当和失控现象随处可见。藏书残缺的情况相当严重，馆藏图书中的“呆滞书”占有相当的比重。期刊是藏书建设的重要组成部分，但由于不注意期刊应有的连续性、完整性和稳定性的特点，在发展中，或增或减，时续时断，造成面宽、零散，配不成套，大大影响其使用价值。

在图书馆建设过程中，我们逐步认识到，藏书建设首先要明确方向，才能建立合理的藏书结构和体系，保持藏书平衡发展。藏书建设中要制订采购计划与标准，并定期进行检查与修改，才能做到心中有数，使采购工作有准则、有依据，保证藏书建设沿着正确的方向发展。藏书建设中要选配具有较高水平的采购人员，才能有较高质量的藏书发展。藏书建设要有足够的经费并保证合理使用，才能保持藏书发展的系统性、完整性和连续性。藏书建设中要经常进行调查研究，才能情况明、决心大、看得清、摸得准，这样做不但能逐步形成藏书特色，而且能使有限的经费得到最合理、最充分的使用。

读者服务工作方面，在办理外借图书的同时还十分注意吸引读者来馆阅读图书，采取外借与内阅相结合的方式。馆内设有政治阅览室、专业阅览室、基础课阅览室等，把一些经过挑选的图书分别放在各室，供读者自由取阅，很受读者欢迎。此外，还设有教师参考室，室内陈列中外文专业参考书、工具书、外文现期期刊和各种文摘、书目、索引等。还开展参考咨询和书目索引编制等工作，使教师们到参考室查阅资料、编写讲义都很方便。各门课程的主要参考书以辅助书库的形式专库陈列，专人管理。辅助书库的书刊都是经过挑选或是教师指定的主要参考书，同时库内书刊只限内部阅览或短期出借，大大加强了图书的流通率，使一些复本不多的参考书得到了合理使用。后来我们把这些参考书下放到学生班级，由班委会设专人管理，一学期更换一次，很受学生欢迎。此外，还采用了送书上门、电话借书、馆际互借等形式，均收到了良好的效果。

总之，在党的领导下，图书馆在十年的发展中继承、发扬了人民解放军艰苦奋斗的光荣传统，把自力更生、艰苦创业作为建馆的指导思想。图书馆的业务建设已初步打好了基础，沿着正规化的方向前进。但由于我们缺乏办馆经验，还不能完全掌握图书馆工作的规律，因而在工作中走过不少弯路，还存在许多缺点，许多工作还没有开展起来。存在的主要问题是图书馆在学校的地位不高，领导重视不够，长期以来没有任命馆级领导；馆舍狭小，很多书刊堆在地上，无法进行整理与利用；干部数量不足，质量不高，很多工作无法开展；图书经费少，许多专业书无钱采购。这一切都影响了图书馆职能作用的发挥和为教学、科研服务工作的顺利开展。通过对十年工作的总结，我们肯定了成绩，找出了差距，继续前进。

在北五岔支农的日日夜夜

> 晴空万里，雪野茫茫。慰问演出，歌声飞扬。歌唱祖国，日益富强。歌颂领袖，万寿无疆！嘘寒问暖，话拉家常。新春佳节，喜气洋洋。敲锣打鼓，爆竹乒乓。欢送路口，辞别举觞。一位老大爷紧紧握住我的手亲切地说：“同志，以后多来给咱们演唱！”老大爷，谢谢您！您的话我记心上，今日暂行告别礼，明天专门来拜访。庄稼活儿我不会，请您教我学农桑。

这是1961年春节，我带领学校文工团一行30余人到玛纳斯县北五岔公社慰问演出后写下的一段顺口溜。说起北五岔，农大有些老同志尚记忆犹新，因为在那块土地上有他们走过的足迹，有他们辛勤劳动淌过的汗水，有他们永远难忘的记忆。1960年3月，八一农学院为响应党的“全党全民支援农业”的号召，与玛纳斯县北五岔公社挂钩。为了长期而全面地进行支援，从组织上做了调整，经自治区党委批准，任命八农党委副书记侯真同志兼任玛纳斯县党委农业书记，学校调姬野黎同志担任北五岔公社党委副书记。从而，有计划地系统地为北五岔公社提供技术、设备和劳力支援，迅速提高了公社的经营管理水平，改进了农业生产技术，以及工业、文教、卫生等方面。而公社将进一步满足学校教学、科研需要，为学校提供良好的“产、学、研”三结合基地。学校先后抽调几百名干部、教师和学生前往玛纳斯县北五岔公社帮助春耕，土地勘测、规划，修建水电站，进行负责人员培训，等等。我曾两次到北五岔公社支农，一次是更换姬野黎担任公社党委副书记，另一次是到红星大队第二生产队担任党支部书记并兼任副业队党支部书记。岁月悠悠，旋踵即逝，一晃50年过去了，很多事情现在想起来，仍然记忆犹新。

支援春耕生产的干部和师生，一到北五岔公社就看到入冬以来的紧张备耕还在进行。社员们正在往积雪的地里施肥，清理灌水渠道，各队都在烘炉旁叮叮当当地修配农具。支农的同志们顾不上喝水，顾不上休息，就立即赶往各生产队。去莫索湾的同志们沿路看到，一排排地窝子的烟筒在冒着青烟，泥土筑成的马槽横一条竖一条布满了工地，一队队膘肥体壮的耕牛开始试耕播种。为了抢时间，积雪还未化尽的时候，就开始播种了。同志们一到各队就立即走向了春耕生产最前线，同广大社员一起投入春播劳动。他们有的犁地播种，有的在泥泞翻浆的路上来回奔波数十里检查春耕播种工作。一到夜晚有些师生同社员一起露宿在荒原上，第二天天不亮又推开落满冰霜的被褥投入新的战斗。指标日日上升，记录时时刷新。在春播生产分秒必争的时候，牲畜的饲养和食堂的伙食问题较多。支农的同志主动迁居牛棚、马号，落户食堂，饮牛喂马，改善伙食，保证了春播任务的完成。当年全公社计划播种19万亩面积的粮食作物，实际播种面积达到20万亩左右。

水利系50余名师生组成的土地勘测队一到公社就接受了交给他们的艰巨而紧迫的任务，就是用两个月的时间测完150万亩土地并绘制出详细的地形图，为即将开始的全社总体规划做准备。这个任务是十分艰巨的，如果以过去一个小组最高日测4平方公里的速度来计算，也需要一年多时间才能测完，而测量工作无论如何也不能延迟到一年以后。师生们动脑筋想办法：扶尺子的在研究如何把尺子放得更远，以便增加测量面积；做计算的在研究如何计算得更快、更精确；拼图的在研究如何把图拼得更好。就这样，通过“研究—实践，再研究—再实践”，测量工作的进度在迅速提高，质量也越来越好。他们踏遍了方圆百余里的戈壁和荒原，并在这片戈壁和荒原上度过了无数个日晒的白天和寒风刺骨的夜晚。到后来，普遍由开始的日测 2 平方公里的速度提高到日测 10 平方公里。在这样高工效的情况下，仅用了两个月时间就完成了全公社四个大队，100 余万亩土地的地形测量并绘制出了比例为 1∶10000 的地形图。

到北五岔公社支农的张润华和孙德琴两位老师，一去就担任了全公社的土壤调查工作。她俩每天天刚亮就起来，急忙背上速测箱，扛上土钻，到 60 里以外去调查。天黑又到一个新的地方住下来，化验分析，一直忙到半夜。在两个多月的时间内，她俩经常是风餐露宿，把野外当家，以土洞为房子，以梭梭为床铺。有时出现在泥泞的沼泽地里，有时出现在灼热的戈壁滩上，肚子饿了煮野菜吃，没有标本盒就用火柴盒代替。由于她俩一不怕苦，二不怕累，150 万亩土壤调查任务，只用了两个月时间就顺利完成了。

4 月中旬，学校抽调四名教师担任水电站设计和施工的技术指导。不久，由各队抽调干部、师生和社员参加白土坑水电站的修建工程。为了解决修水电站的材料问题，学校从农机厂等单位，把自己准备使用的优质钢材和加工好的设备用汽车运到公社。没有石头，他们白天黑夜用牛车从 60 里开外的河滩拣运回来；没有砖，自己建窑烧砖；没有大型精密的零件加工设备，就抡起铁锤在火一般的太阳下一锤一锤地砸。63 匹马力的水电站终于建起来了，它的全部发电量可以满足 20 余台车床的需要。咆哮的渠水已被人们驯服了，当它一流入引水渠，水轮就飞一般地旋转起来，一口口的白沫从尾水渠口吐出去。电光闪闪，机声隆隆，水电站除可发电外，还可以碾米，可以磨面，可以扎花，给全社人民带来说不完，道不尽的好处。

在北五岔公社支农的农经系师生，经过了一段时间的和社员同吃、同住、同劳动之后，便在公社党委主持的规划委员会的直接领导下，进行公社及其各队的规划工作。师生被按照工作性质分成四个组：工业规划组，农林牧副渔综合规划组，居民点及交通运输业规划组，文教、卫生、福利和财贸规划组。各组学生在教师的带领下很快便进入了实战状态，日夜赶制规划。他们用两个月时间，在公社规划的基础上，还在莫索湾为公社规划了一个包括条田、渠系、林带、居民点、道路等在内的完备的社办农场。

夏收季节，学校又抽调 26 名教工组成夏收队，到北五岔公社永进大队第四生产队进行夏收劳动。他们以高度热情和冲天干劲，每天天不亮就开始下地割麦，中午不休息，一直到天黑，一天劳动十四五个小时。由于劳动时间长和劳动强度大，需要搞好伙食，每天除在个人粮食定量内三餐干稀搭配外，另加一餐自挖自煮的野菜汤作为补充。到晚上睡觉前，他们将裤腿和袖口用布条或绳子扎紧，以防蚊虫进入叮咬。在这样艰苦的条件下，他们仍然保持着高工效、高质量的收割进度，由平均日割 1 亩多上升到 2 亩多。其中赵有礼同志割得又快又好，有一天他放了一颗日割 8.1 亩的“卫星”，轰动了整个大队和公社，社员们传说着“八一农学院的老师真不简单”。赵有礼同志在全队人员的支持与鼓励下，又狠狠地干了一天，创出了日割 13.71 亩的高纪录。第二天，公社和大队领导、报社记者等到现场考察，做了丈量，看了实地表演。大队党总支决定学习赵有礼的先进事迹。社员认为，只能日割 2 亩地的人，一旦思想解放了，也能创出日割 10 亩的纪录。夏收队经过 23 天的劳动，帮助公社割麦 817.86 亩，他们的模范行动推动了全公社的夏收工作。公社书记在欢送大会上说：“夏收队以苦干、实干的革命精神，帮助公社按时完成了夏收任务，你们的领导方法和工作方法，对公社夏收起了巨大影响，感谢八农派来这样好的夏收支援队！”永进大队党总支还给夏收队赠送了一面锦旗。

9月中旬，学校又抽调26名教工支援秋收。他们在秋收劳动中发挥了冲天干劲，昼夜苦战，每天坚持15小时以上，出现了方孔文同志日割水稻6.3亩的高纪录。在23天的劳动中，他们为公社割水稻1340亩，割高粱106亩。秋收任务完成后，评出一级突击手方孔文等14人，二级突击手王大昌等10人。

10月初，学校又抽调84名教工支援冬播工作。这批支援冬播的同志到永丰大队后，立即奔赴冬播第一线。在劳动中和社员同吃、同住、同劳动、同商量，发扬"见困难就上，见荣誉就让，见先进就学，见后进就帮"的共产主义作风。听说政治系教师临行前还上书院党委，表示不做空头的政治家，要在支农中以身作则，理论联系实际，做名副其实的马列主义、毛泽东思想的宣传员，做党的方针、政策的模范执行者。

11月，畜牧兽医、水利、林学三个系的150名一年级学生到北五岔公社参加东干渠修渠任务。他们劳动情绪高涨，一开始就突破了劳动定额，在水利工地上开展了"学、赶、帮""树标兵""学标兵"群众性的竞赛活动，大大激发了自身的劳动热情。大家克服了许多困难，不怕苦，不怕累，涌现出了许多感人事迹，不但提高了劳动效率，而且推动了整个工程的进展。如林学系李同法创出一天挖土31.6立方米及小组每人平均挖土26.8立方米的高纪录。李同法的手上长满了血泡，当人们劝他休息时他坚决不肯，还说："这点苦不算什么，支援农业，改造思想，精神上就要准备吃苦。"畜牧兽医系少数民族学生哈不列哈克也创出了个人日挖土27.17立方米和小组每人平均挖土21.6立方米的好成绩。在这次修渠任务中，他们既支援了农业，又改造了思想，经过一个多月的劳动，胜利完成了修渠任务。

综上所述，八一农学院在一年内先后抽调各种支农队9批，有干部、教师、学生，共508名。他们完成了春耕播种、土地勘测、土壤调查、水电站建设、社队规划、夏收、秋收、冬播、兴修水利、组建兽医诊所和农机具修理厂，以及“植保”等各种人员培训。他们中上有公社、大队、生产队各级领导班子成员，下有食堂、班组等参加生产劳动的骨干。按照农业生产的季节，他们在农忙时和社员一起参加生产劳动，在农闲时组织开展文艺活动并对社员进行文化和社会主义思想教育。参加支农的同志都有一个共同的感受，那就是既支援了农业，又改造了思想，更重要的是走工农相结合的道路，真是收获匪浅啊！

（本文参考了姬野黎同志的文章）

回忆学校搬迁始末

“文化大革命”从1966年爆发到1976年结束，整整十年。八农的(新疆八一农学院的简称)搬迁从1970年开始到1978年结束，历经八年。这八年基本上是在“文化大革命”十年内乱中度过的。十年“文化大革命”对新疆八一农学院造成的危害是严重的，再加上八年搬迁，来回折腾，对学校造成的损失更大。

1970年2月，“支左”部队进驻学院。以军宣队为首的院革委会成立后，于当年6月20日以“战备疏散”为名，将学院一分为三：农学系、林学系、水利系、预科部、院机关全体师生、员工徒步抵达玛纳斯林场，畜牧兽医系全体师生徒步抵达清水河公社，农机系、农经系全体师生徒步抵达新湖农场。之后，我们曾两次以院革委会名义向自治区革委会写报告，请求在玛纳斯林场定点建校。自治区革委会于当年4月10日下发了“新疆八一农学院定点建校在玛纳斯林场”的批文。1971年2月22日，《自治区革委会第四次办公会议纪要》指出：“乌鲁木齐农垦大学并入八一农学院后，农垦大学校址为八一农学院农经系校址。”农经系又从新湖农场搬到三坪农场。学院搬迁到玛纳斯林场、清水河公社、新湖农场、三坪农场后，师生、员工继续进行生产劳动和建校劳动，如种菜、养猪、养鸡、打土坯、烧砖、打井、盖平房、架设高压电线，等等。1972 年 1 月 5 日，工学院按照自治区党委下发的“八一农学院搬迁到玛纳斯林场后，新疆工学院迁到八一农学院原校址办学”的文件，正式搬进老满城。

玛纳斯林场位于天山山麓的一个冲积扇上，砂石多，土层薄，缺水，加上交通不便，消息闭塞，不适合办综合性的农学院。为此，学院曾多次向自治区写书面报告，要求另选地点或回原校址办学。1973 年 7 月 9 日，自治区党委决定：“八一农学院在玛纳斯林场和老满城原校址两地办学，工学院搬回原址。”根据自治区的决定，学院除将农、林、牧三个系留在玛纳斯林场继续办学外，其余各系搬回老满城。机关一分为二在两地办公。

1974 年下半年，自治区党委决定：“八一农学院在玛纳斯林场和喀什两地办学。”学校抽调干部、车辆前往，在喀什折腾了一年多之后，终因无条件办学而宣告解散，人员先后调回。1975 年 5 月 10 日又做出决定：“八一农学院统统搬到玛纳斯林场办学，老满城不留尾巴。”此后，水利系、农机系、预科部、机关办事人员及家属等全部搬到玛纳斯林场。新疆工学院第二次搬进老满城。

1976 年 10 月粉碎“四人帮”后，开始“拨乱反正”。各系对办学方案提出不少意见，对自治区将八农搬迁数次的轻率决定意见很大，强烈要求搬回老满城原校址办学。1978 年 3 月，党中央在北京召开全国科学大会，我院农机系教师刘益生被选为先进个人代表，农学系教授张学祖为特邀代表，二人参加大会。在科学大会举办期间，中央非常重视听取和收集广大代表的意见和情况反映，代表如要见某一部委领导，可随时安排接待。刘益生和张学祖两位老师经研究将我院被迫搬迁至玛纳斯林场、校园被占、损失严重、人心浮动、无法办学的局面、向中央农林部部长何康反映。汇报完后，何部长说：“你们反映的问题很重要，希望你们写一份上报材料，我将直接向邓副主席汇报。”刘益生和张学祖两位老师向学院电报请示，学院领导授权让他二人如实反映搬迁情况。收到回电后，他们连夜写好材料，次日上报何康部长。科学大会还未闭幕，他们二人就得知八农迁回老满城原校址办学的信息。这份上报材料对促进八农迁回原校址办学起了十分重要的作用。1978 年 3 月，经中央农林部研究决定：“新疆八一农学院利用老满城院址和设备招生。”半个月后，时任自治区党委第一书记汪锋、书记李恽和等四人到学院视察工作时，对学院的搬迁问题做了明确指示：“农学院回老满城办学，方针已经定了，要完璧归赵。”于是，学院全部搬回老满城继续办学。1979 年 2 月 10 日，自治区革委会下达的《关于八一农学院迁回乌鲁木齐市老满城办学的决定》中指出：“八一农学院迁回乌鲁木齐老满城继续办学，撤销自治区原发有关学院搬迁的文件。”至此，历时八年的搬迁问题终于得到了解决。

十年内乱，八年搬迁，对学院造成的损失不可估量。首先体现为“文化大革命”造成的思想混乱。1971 年，《全国教育工作会议纪要》中提出所谓的“两个估计”，即“解放后（中华人民共和国成立后）十七年无产阶级教育路线没有得到贯彻执行，资产阶级专了无产阶级的政”“大多数教师的世界观基本上是资产阶级的”。这“两个估计”成为广大知识分子的精神枷锁。把教育战线十七年工作的成绩全盘否定，把中华人民共和国成立十七年来党的教育战线说成是黑线专政。当时“读书无用论”“知识越多越反动”等错误言论铺天盖地，不少教师受批挨整，有的被戴上“资产阶级反动学术权威”的帽子，饱受精神、肉体的折磨，严重挫伤了广大教师的积极性。其次体现为搬迁造成的物质方面的损失。如图书经费停拨，中、外文期刊停购，教材和教学、科研资料，有的被当作“封、资、修”毒草销毁，有的被私人随意拿走，图书资料损失五分之一。教学设备、贵重实验仪器和实物标本，有的被拆散盗走，有的被砸毁，有的丢失，损失达二分之一。学院房舍及其门窗、桌、凳等被毁的更是不计其数。在学校被迫反复搬迁的过程中，教职员工思想不稳定。由于搬迁困难而要求调动并已离院的教师有 50 余人；因“文化大革命”内乱与学院搬迁，六七年不能招生，为国家少培养了数千名农业技术人才；由于搬迁，外单位乘虚而入，校园内土地被占用面积约 980. 55 亩。

1978 年学院搬回老满城后，院党委召开扩大会议，围绕八农如何从低谷崛起进行了讨论。会议上提出“一年整顿，二年恢复，三年发展”的口号。发动全院教职工自力更生，修建校园，粉刷教室、实验室，清理图书资料，修复被破坏的教学仪器和设备。在批判“四人帮”罪行的同时，全面落实党的干部政策和知识分子政策。对许多被打成“走资派”“黑帮”“特务”“反革命”“反动学术权威”和“国民党残渣余孽”等的干部、教师和群众，都予以了平反，推倒了加在他们身上的一切诬蔑等不实之词，当众烧毁了原立案的一切材料，撤销处分，恢复名誉。这使八一农学院重见光明，得以恢复和发展。

回忆这段历史的目的是让大家了解新疆农业大学在发展过程中，内乱和搬迁曾使学校停止不前，甚至倒退。我们应该珍惜得来不易的大好时光，爱护校园设施和教学、科研设备，继续发扬“理论联系实际，教学结合生产”、尊师爱生、团结协作、艰苦朴素的优良传统和作风。

（本文与童鹤陶同志合撰）

学校从低谷中崛起

十年内乱，八年搬迁，把具有人民解放军光荣传统的八一农学院搞得疮痍满目、面目全非。校园内杂草丛生，花圃荒芜，树木凋零，垃圾遍地。师资队伍被搞得人心涣散，思想混乱，其中50余名教师已调离学院。正常的教学秩序被打乱了，教学组织与制度被破坏了。实验设备损失了二分之一，图书资料损失了五分之一，八一农学院濒于崩溃的边缘。

1978年7月，八农从玛纳斯林场搬回老满城后，以孟梅生为首的院临时党委及时召开党委扩大会议，围绕八农如何“从低谷崛起”进行了讨论。会议提出“一年整顿，二年恢复，三年发展”的口号。发动全院师生、职工自力更生，修复校园和被破坏的教学仪器、设备，粉刷教室、实验室，清理图书资料。被压抑了十年之久的师生、职工的革命积极性像火山一样迸发出来。为响应临时党委号召，全院上下精神振奋，男女老少干劲冲天，积极投入修整校园的劳动中。领导带头参加，连年逾花甲的离退休老干部、老教师、老职工也参加了劳动。他们耕翻了十余年来从未翻过的花圃，在平整过的土地上种了多种花草、树苗；

修整了主要干道，修通了水渠；新栽了行道树、观赏树和果树；平整了运动场；清除了垃圾和杂物。经过辛勤劳动，校园面貌焕然一新，图案形的花圃被修整得风雅别致，新栽的各种树木吐出嫩绿的新芽，纵横交错的道路被清理得干净、平整，新的校园生机勃勃，春意盎然。林学系已故教授严赓雪当年有诗云："劫后归来倍觉亲，弦歌重整校园新。试登老满城头望，幼树森森桃李青。"

1978年9月28日，中共八一农学院党委正式成立，孟梅生任书记兼院长，温厚华、张子厚任副书记兼副院长。新的领导班子在党的十一届三中全会精神的指引下，在全国科学大会、全国教育工作会议、两会精神的鼓舞下，带领全院师生、职工从低谷崛起，走向了新的胜利。

重建校园为教学创造了良好的条件。由于深入批判了"两个估计"，砸碎了精神枷锁，教师们干劲倍增。在极端困难的条件下挖掘潜力，扩大招生。1977年冬季招生570名，1978年开春入校。当年秋季又招新生771名，一年内进校新生共1341名。这是八农历史上没有过的，也是困难最大的一年。为了弥补"文化大革命"造成的教师队伍的青黄不接，学院还开设了数学、力学、物理、化学、植物生理、动物生化、英语、设计基础和机械制图等师资班，共招收了80名学生。为了解决师资力量严重不足和有些教师教学水平不高的状况，学院采取了以下措施。除争取调进一些教师和培养新生力量，学院在数量上继续补充外，还努力提高时任教师水平。对新设课程首先从时任教师中挖掘潜力，经民主推荐，教研室讨论，决定新设课的任课教师，给担任新设课程的教师创造条件，让他们做好开课准备。有条件的专业课和专业基础课教师可担任数、理、化基础课和外语课的教学工作。对于新的教学大纲中规定的新内容，以合班上课或举办专题讲座等方式加以讲授。实在无人开的课程，就聘请外校教师来院讲课。此外，学院还认真抓了少数民族教师的培养工作，以老带新，落实培养计划，完成培养任务。为提高教学质量，加强了基础课和外语课教学。各教研室制订了各专业教学计划，按教学计划落实教学任务；同时制定了各种规章制度，如“教研室工作细则”“教研室主任职责”“班主任工作制度”，等等。学院在教学、科研、师资培养、教材建设、实验室建设等方面做了大量工作。班主任制度恢复后，要求全院副教授以下教师，都要在任课班担任 1—2 年班主任。这项制度对稳定教学秩序起了积极作用。“文化大革命”在反对“师道尊严”的口号下，颠倒师生关系，把教师置于学生的“管辖”之下，名曰“上、管、改”，但实际上教师既不能教，也不能管。正常的师生关系和教学秩序被破坏了。“拨乱反正”从根本上扭转了这种混乱局面。提倡尊师爱生，尊师敬道，政治上师生平等，教学上师生互助合作，教师在教学中起主导作用，学生在教学中要发扬学习的主动性，同时要遵守学校的各项规章制度。在抓紧教学工作和提高教学质量的同时，全面落实了党的干部政策和知识分子政策；平反了冤假错案；摘了被错戴的“右派分子”帽子；提拔并任命了一批知识分子负责教学领导工作；建立、健全了各级组织机构，充实、加强了各级领导班子；调整并组建了教研室（组）；恢复、加强了实验室建设；改选了团委；成立了学术委员会、学生会、科研处；恢复了教育工会、院刊编辑室、函授教育和教师职称评定。

1979 年又招新生 183 名，在校学生人数已达到 1924 名。教师认真备课，注重教学效果，完成规定的教学任务。开展以学习为中心的“三好”学生活动，进行文明礼貌和纪律教育，学生中刻苦学习，遵纪守法蔚然成风。全院上下初步形成了一个安定、团结的大好局面。

十年内乱，八年搬迁，对科研工作造成的损失也是严重的。在极度困难的条件下，教师们一面搞教学，一面想方设法搞科研，参加国家和自治区的一些重大课题研究工作。结合教学、生产开展了新品种培育、技术革新和基础理论研究，取得了较好的成绩。其中由我院主持或参加的“背负式稻麦两用联合收割机”“林草结合防止农田风沙研究”“新疆细毛羊的培育”“新冬冬小麦良种”四项成果获全国科学大会奖励。

农机系教师主持并参加的农牧业机械方面的革新和研制工作有 20 项之多。他们在每年的麦收中目睹大面积成熟的麦田丰产不能丰收的现象，看在眼里，记在心里。在兄弟单位的大力支持下，经过几年的反复试验，研制成功了机动灵活、收割效率高、耗油少、造价低、一机多用、适合新疆情况的“背负式稻麦两用联合收割机”。农学系培育的玉米 81–4、冬麦 7416、西瓜红优二号等新品种已被大面积推广种植，普遍获得了较大的增产效果。林学系在培育林木良种、育苗技术、雪岭云杉迹地更新、沙漠造林、防护林经济效益等方面的研究，均取得了好成绩。畜牧系与有关单位协作，在新疆细毛羊和良种细毛羊的培育，黑白花奶牛的培育，猪、鸡育种，水貂改良，草原改良及合理利用中间试验，羔羊育肥，牛同步发情配种及受精卵移植，针刺麻醉的手术应用，羔羊缺铜病防治，鸡胚胎发育研究等方面均取得了研究成果。水利系在水利资源的合理开发利用，喷滴灌技术应用，暗管排水、防渗材料研究，水利工程设计、渠道计算尺的研制等方面均取得了一定成就。农经系所撰写的《农村土地规划》《社队企业会计》《农机站经营管理》《关于农业现代化几个经济理论问题的探讨》等论文，对提高农业经营管理水平发挥了作用。基础部在基础理论方面的研究也做了大量工作，取得了良好的效果，写出了较高水平的论文。以上课题的研究成果不仅充实了教学内容，而且不少成果还被应用于生产，取得了很好的经济效益。

粉碎“四人帮”后的三年内，学术交流日趋活跃，各种学会如雨后春笋蓬勃兴起，学术交流活动日趋增多。全院已参加全国和自治区各类大小学会 105 个，其中有 75 名教师和干部兼任了学会的正副理事长、秘书长或理事等职，对推动学术活动起到了积极的作用。如 1980 年新疆召开农业现代化学术讨论会，会后出版了《农业现代化学术论文集》，其中刊出的论文有五分之二是我院教师写的。国内一些重要的农业科技刊物上都有我院教师发表的文章。还有不少教师写出专著，已正式出版发行的就有 26 种。另外，还先后编辑出版了《新疆害虫文集》

《新疆植病文集》《种技成果摘要汇编》《八农科技通讯》《新疆八一农学院学报》《新疆八一农学院院刊》，等等。

综上所述，三年来，在院党委的领导下，全院师生、职工共同努力，经过整顿、恢复，八一农学院在教学、科研等方面均达到了“文化大革命”前的水平，很多地方还略有发展。如在校学生人数，“文化大革命”前约有1800人，“文化大革命”后已发展到2200余人。上述表明，八农已从低谷中崛起。党委书记兼院长孟梅生在八一农学院建校30周年庆祝大会上的讲话中指出：“回顾过去，成绩是显著的，教训也是深刻的。最大的教训就是受‘左’的影响较深，时间较长，危害很大……‘文化’大革命使学校遭到破坏，给我院造成严重创伤。综观全局，‘文化’大革命前，我们在教学过程中实践偏多，‘文化’大革命后，又有忽视劳动实践的偏向，这些教训我们必须牢记、汲取。”

（本文与童鹤陶同志合撰）

继承并发扬人民解放军的光荣传统和优良作风

回顾新疆农业大学的成长历程，我们心潮起伏，激情奔腾，仿佛又身临建校初期的沸腾生活中了。1952 年 8 月 1 日，新疆第一所高等农业院校——八一农学院诞生了。八一农学院是在新疆军区第二步兵学校的基础上筹建起来的，为了适应当时新疆社会主义革命和建设飞速发展的需要，王震司令员与时任农业厅厅长的涂治同志一同赴北京向毛主席和中央军委汇报在新疆创办一所农业院校的计划。毛主席和周总理听完汇报后非常同意，并对学校以“八一”命名很赞赏，这是最大的光荣、最大的幸福！1995 年 4 月 21 日，经教育部批准，新疆八一农学院更名为“新疆农业大学”。

新疆农业大学继承并发扬了人民解放军的光荣传统，战胜了重重困难，沿着毛主席指引的革命路线，一步步成长壮大，到今天已发展成为一所以农业学科为优势，以自然科学为主要学科领域，以应用学科为主要发展方向，以本科教育为主要办学层次，农、理、工、经、管、文、法多学科协调发展的大学，为新疆的社会主义革命和建设做出了较大贡献。农大成长的历史，是坚持毛主席的革命路线，继承、发扬人民解放军光荣传统的历史。

第一，学院继承、发扬了人民军队的政治工作体制。建校初期，坚持党委领导下的院长负责制，院设政治部，系设政治协理员，年级设有政治指导员或政治干事，学生班设级长、副级长，级设有“革命军人委员会”，委员会中设有文体委员、生活委员、学习委员。系为县团级建制，系主任为县团级，由自治区人民政府任命，而协理员系营级干部，与系主任不同级别，故改为党总支书记兼副系主任，也由自治区人民政府任命。各系学生班级和科级建制的附属单位均建立党支部或党小组。总之，当时的政治工作机构比较健全，政治工作干部基本上都是专职，政治工作制度比较严密。院政治部负责全院师生、员工的政治理论和思想教育，给学生讲授中共党史、哲学、联共党史、政治经济学四门政治课，为教师和干部举办马列主义夜校，对工人进行时事政策教育。通过政治理论和思想教育，帮助人们树立正确的政治观点。另外，还通过开展“立功创模”、总结评比等一系列活动，培养其良好品德和优良作风。同时，还坚持不懈地抓党的组织建设和思想建设，加强党员的思想教育，每周星期六下午过党组织生活已形成制度。不论书记、院长还是工人，不论教师还是学生，在组织生活会上都能认真地开展批评与自我批评。批评别人时，本着“知无不言，言无不尽”的原则，抱着与人为善、“治病救人”的态度。还十分注意方式和方法，在肯定成绩的同时，提出缺点和批评意见，使受批评者乐于接受。有时批评别人也有言辞过重，对方一时难以接受的情况发生，如遇这种情况时，由主持会议者提示，会后互相交谈，加以解决，会上争吵或拒绝接受批评的现象很少发生。被批评者抱着“有则改之，无则加勉”的态度，严格要求自己，充分发挥党员的模范带头作用。为把党的路线、方针、政策贯彻到群众中去，变为群众的自觉行动，便采取先党内，后党外的方法，先在各级领导干部和共产党员中层层传达讨论，然后再向广大群众传达学习，由党员的模范行动带动广大群众去共同贯彻执行，形成了群众看党员，党员带头开展工作的局面。同时，加强党对共青团、学生会、工会等群众组织的领导，充分发挥其作用。在对学生的管理方面，完全实行军事化，师生员工都穿军装，佩戴“中国人民解放军”胸章和五星帽徽。早出操、晚点名已形成制度。晚点名时系主任和政治协理员对一天的工作、活动进行点评，对好人好事进行表扬。听报告、看电影都是整队入场，按指定位置入座，相互拉唱革命歌曲，会场上顿时此起彼伏，一派生机，体现了团结、紧张、严肃、活泼的作风，形成了既有集中又有民主、既有纪律又有自由、生动活泼的政治局面。做到了好人好事有人夸，不良倾向大家管，人人都来做思想工作，使全院师生、职工的思想统一在马列主义、毛泽东思想的基础上。学生为革命而学，教师为革命而教，一切工作都围绕着提高教学质量而努力，从而保证了党对教学、科研及其他一切工作的绝对领导，保证了毛主席关于“教育必须为无产阶级政治服务，必须同生产劳动相结合”这一教育方针的贯彻执行。

第二，学院继承、发扬了人民解放军艰苦奋斗的传统作风。八一农学院自成立之日起一直保持着艰苦奋斗、勤俭办学的优良作风。该学院于 1952 年成立，老满城为其校址。老满城又名“巩宁城”，是清朝政府设在新疆的一座军事机关要地，它始建于乾隆三十七年（1772 年），同治三年（1864）十月因民变被毁，夷为平地，一直荒芜。1943 年前后，盛世才曾在此办过简易师范学校，后改为军营，陆续修建了不少土平房，建筑面积约为 6 万平方米。这些土平房因年久失修，遇到风雨天气，室外大刮大下，室内小刮小下。砖瓦遍地，杂草丛生，一片荒芜。有诗云：“白天野兔跑，夜晚闻狼嗥。盐碱白茫茫，处处是杂草。”条件恶劣，困难重重。但是，为了国家建设的需要和给新疆各族人民办好事，从领导到群众，谁都不叫一声苦，谁也不喊一声累，发扬人民解放军的光荣传统，自力更生，艰苦创业，进行了紧张的建校劳动，如修路、栽树、挖土填坑、修房造屋、上房泥、打土坯、采标本、制教具。在石砾遍地的土地上，规划建成占地1200亩的老满城教学实习农场。当年4月筹备，8月1日开学，其筹备时间之短、开学上课速度之快，实属罕见，令人惊叹！这主要是由于全院干部、职工、学生和部分教师都曾是人民解放军指战员。他们在党的培养教育下，有军人高度的组织纪律性，有勇往直前的战斗精神，有克服一切困难的决心和勇气。开学后，困难仍然很多：没有实验台，就用木板、土块垒；没有大课堂，就在室外上课；教师不足时合班上课；没有辅导老师，同学们互相帮助，互相讨论，直到搞懂。教学设备仅有第二步兵学校移交下来的供初中教学使用的物理、化学等简单仪器和几架低倍显微镜。在所开课程中，直接翻译的苏联教材有6种，占课程总数的6.8%；有28门课采用了高教部推荐的教材，只占课程总数的31.8%；有54门课结合新疆生产实际自编教材，占课程总数的61.3%。老师们都身担重任，平均担任2—3门课程，他们白天上课、建实验室、采集标本、制作教具，畜牧系有的老师还要割草、配饲料、饲养实验动物、打扫圈舍卫生，等等，既当老师，又当实验员和工人。一到晚上，教师们在煤油灯下备课、编教材、写讲稿等，直到深夜，不辞辛劳。学生的住房条件更差，男女分住在能容纳几十人的房间，晚上几十个人睡在一个大通铺上。行政人员更少，一个系只有一位系主任或副系主任和一位政治协理员，外加一名管理员和一名通讯员。他们承担的任务都非常多，系主任主管教学工作，政治协理员主管思想政治工作，管理员和通讯员几乎包揽了全系一切行政事务工作，从教学到生活，从劳动到娱乐，从收发文件到接打电话，甚至发放津贴、报领服装等，无一不管，无一不办。教辅人员也很少，以文印组为例，只有11人，在纸张短缺、文印设备落后的情况下，他们克服重重困难，夜以继日刻写或打印老师们编写的教材，按时供教学使用。领导干部一般都能深入群众，与师生相互交谈，干群关系比较融洽。所以，尽管困难很多，大家都能正确对待。经多年的艰苦奋斗，他们用自己的双手创建成了现在这样的大学。毕业的学生活跃在农牧业战线上，在他们身上仍保持着这种优良的传统作风。

第三，学院始终坚持“抗大”的方向，坚持“理论联系实际，教学结合生产”，逐步建立教学、科研、生产相结合的完整的教学体制。建校初期，每年4—8月都有计划地组织师生到军垦农场进行生产实习，使学生熟悉从春耕到收获的全过程。此外，还按教学计划安排师生于作物生长季节到军垦团场、国有农牧场进行现场教学。如1959年全院有80名教师和900名学生，用4个多月时间对28门不同性质的课程进行现场教学。现场教学是教学、科研、生产三结合的一种良好的教学方式。教学内容多半是观察类、操作类或者在校内难以教好、学好的，而生产单位的条件又优于学校的课堂。现场教学是把道德教育与专业学习结合起来，把理论与实践结合起来，把读书与劳动结合起来。教学内容生动具体，教学方法灵活多样，因而取得了良好的效果。另外，教师还到建设兵团担任师或团的农业委员，高年级学生担任生产连队的技术副连长。1952年—1954年期间，先后有教师93人、学生1018人到各军垦农场挂职指导生产和进行生产实习，在生产实习中每个学生还承担200亩地的丰产任务。1954年8月新疆军区将学院划归新疆生产建设兵团领导后，新疆生产建设兵团政委张仲瀚、司令员陶峙岳有一次来院视察工作并向全院师生、员工做报告时明确宣布：“兵团各师团的农林牧场都是农学院的教学实习基地，已责成各团场干部要热情接待下场指导生产和进行教学实习的师生，并安排好食宿。”同时，又将新疆军区管辖的拥有12000亩土地的头屯河农场拨归院管理，命名为“八一农学院实习农场”。它对提高教学质量起了很好的作用。新疆农业大学历年培养出来的学生现分布在全国各地，绝大多数已成为农牧业战线上的领导和骨干力量，有的成了援外的农牧业专家。

在成绩面前，我们仍然应该重温校史，学习校史，反思校史，继承、发扬农大的光荣传统和优良作风。政治工作、艰苦奋斗、抗大精神是老一辈留给我们的三大法宝。我们要忆昔抚今，与时俱进，奋发图强，继续努力，排除万难，力争夺取新的胜利，让农大的光荣传统更加发扬光大！

“八一”忆校史

在纪念“八一”建军节52周年的日子里，我们怀着十分兴奋的心情，热烈庆祝我院建校27周年。中国人民解放军进入新疆后，为了发展边疆的农业生产，1952年在新疆军区第二步兵学校的基础上创办了八一农学院。当时王震司令员来步校向全校师生、员工传达了撤销第二步兵学校，创办一所农学院的决定，并宣布毛泽东同志为学校亲自取名“八一农学院”的消息。创办初期，学生都来自部队，他们中间有跟随毛泽东同志爬雪山，过草地的长征干部，有在抗日战争和解放战争中立过战功的指战员，有著名的战斗英雄和劳动模范。他们虽然文化水平低，但为革命而刻苦学习的自觉性很高。当时的师资，除从军区农训班合并过来的几名教员及原第二步兵学校的文化教员外，还从北京、华东等地请来了教授、副教授，把部队中具有农业科学知识的干部调来任教。可供使用的仪器、图书只有第二步兵学校遗留下来的中学理化课实验仪器和军区农训班移交来的一些农业科学普及读物。教室、实验室、宿舍合起来使用，这些破房子是从国民党手里接管下来的。裂了缝的营房不遮风雨，外面大刮，里面小下。平均六七人才有一套桌凳，其余都是用土坯、砖块垒砌的。荒芜的校园用两句话可以概括：茫茫盐碱遍地草，白日兔跑夜狼嗥。但是领导和群众都有一颗忠诚于党的教育事业的红心，有人民解放军的光荣传统。全院师生、职工经过 3 个月紧张的建校劳动，铺了路，栽了树，修了房子，制作了简单的教具，于 1952 年 8 月正式开学。回顾我院 27 年的发展历史，大体可分为三个阶段：

第一阶段，即从创办到“文化大革命”前，此为大发展时期。我院从创办开始就继承、发扬了人民解放军的优良传统，当时学校的教学原则是“理论联系实际，教学结合生产”。继承人民解放军艰苦奋斗、实事求是的传统和作风，贯彻落实群众路线及完整的政治思想工作制度，坚持党对教学工作的绝对领导等。促进了党的教育方针的贯彻执行，保证了教学、科研任务的完成。领导干部作风民主，经常深入群众，了解情况，践行了毛泽东同志倡导的“团结、紧张、严肃、活泼”，“既有民主，又有自由；既有统一的意志，又有个人的心情舒畅、生动活泼那样一种政治局面”。由于全院同志们共同努力，“文化大革命”前的 14 年中，共培养了本科毕业生 4519 人，专科毕业生 1681 人，各种训练班毕业生 3500 人，共计 9700 人。这些近万名的农业科学技术人才分布在天山南北，其中不少人已成为新疆农业战线上的骨干力量，为边疆的社会主义建设做出了成绩。

第二阶段，党的政治思想工作制度、“理论联系实际，教学结合生产”的教学原则、党的三大作风均遭到了极大的歪曲和篡改，全院处于停滞甚至倒退状态。“文化大革命”给学校造成的创伤是十分严重的：1966 年—1971 年，6 年没有招生，为国家少培养了 3000 多名农业科技人才，这是多么大的损失啊！1972 年—1976 年，5 年中只招普通班学生 770 余人，还不到“文化大革命”前一年招生的人数。而且，教学质量大大下降。由于林彪、“四人帮”极力推行“朝农”经验，迫使我院几次搬迁，加之煽动武斗，原有教学仪器损失了二分之一，图书资料损失了五分之一，使学校濒于崩溃的边缘。

第三阶段，即粉碎“四人帮”后，此为新的发展时期。在上级党委和我院党委的领导下，“拨乱反正”，正本清源，迅速解决了我院定点建校的问题，各项政策逐步落实，恢复了教学秩序，初步形成了安定、团结的局面。1978 年春季招生 570 人，秋季又招新生 771 人，一年内进校新生 1341 人。

回顾过去，道路是曲折的；展望未来，充满胜利的信心。虽然目前还存在许多困难，但只要我们坚定不移地贯彻党的十一届三中全会精神，继承并发扬我院的光荣传统和优良作风，一个光辉、灿烂的新八农将会在新的征途中迈出更大的步伐。

建校初期创办的教学、科研实习、试验基地

八农自创建之日起，就继承、发扬了人民解放军的政治工作作风和艰苦奋斗的优良传统，贯彻“理论联系实际，教学结合生产”的办学方针。每年4月—8月组织师生到生产建设兵团各团场进行生产实习。下去的学生都要承担200亩地的丰产任务，熟悉从春耕到收获的全过程。时任生产建设兵团政委张仲瀚、司令员陶峙岳有一次来院视察工作，向全院师生、员工做报告时明确宣布：“兵团各师团的农林牧场都是农学院的教学实习基地，已责成各团场干部要热情接待下场指导生产和进行教学实习的师生并安排好食宿。”八农建校初期就十分重视教学、科研、生产相结合，以及实习、试验基地的建设。到1960年为止，陆续创办的实习、试验基地有老满城实习农场、农机实习工厂、头屯河农场、南山林场等。

一、老满城实习农场

建校初期，全校师生、职工亲自动手，在杂草丛生、石砾遍地的土地上，规划建成占地 1200 亩的老满城实习农场，任命羊世安为场长。1957 年 2 月任命王彬生兼任场长，1959 年 8 月又任命刘兵为场长，王宪培为副场长。老满城实习农场设办公室、财务组、技术组、总务组等。办公室只有秘书刘秉指和一个通信员，财务组组长彭中，总务组组长苟谦善，技术组组长羊世安（兼）。为配合教学、科研，适应生产需要而设置的基层组织有实验队、园艺队、林业队、畜牧队和生产队。

试验队：队长王宪培、副队长孙合群，全队有干部、工人 50 余人，试验地 500 余亩，主要配合农学系教学、科研的需要种植各种作物。

园艺队：队长王运昌，有干部、工人 50 余人，分 6 个小队，每小队有工人 8—9 人，管理苹果园 6 个，即苹果母园、南苹果园、北苹果园、南门苹果园、小苹果园和杂果园。南、北苹果园各占地 100 亩，苹果母园和杂果园各占地 70 亩，南门苹果园占地 80 亩，小苹果园占地 40 亩。各苹果园除负责选种、育苗、栽培、管理外，还配合园艺科学的教学、科研，进行各种果树的生长测定、嫁接和优良品种培育等工作。

林业队：队长赵俊卿，有干部、工人 40 余人，地 100 亩。主要经营一般树种的育苗、栽培、管理，以及配合林学系教学、科研的需要开展各种工作。

畜牧队：队长胡万喜（1958 年 5 月王端民任队长），有干部、工人 10 余人。饲养奶牛 20 头，母猪 10 头，鸡 100 只，狗 20 条，还有兔子和白鼠等。此外，还种植六七亩的玉米作青贮饲料。最初饲养的奶牛大部分是土种牛，每头牛日产奶五六斤，后来逐渐换成黑白花奶牛，每头牛日产奶七八斤，每天产奶总量由不足 100 斤增加到 160 余斤。主要配合畜牧兽医系教学、科研的需要开展各种工作。

生产队：队长章子久，从事生产的人员是从农六师拨来的 120 余名劳教人员，有耕地 100 亩，种植各种蔬菜，如西红柿、辣椒、茄子等。每年收获的蔬菜除供应学校外，大部分供应市场。

另外，还有一个大车班，班长孙维福，有工人 10 余名、马 20 余匹。这些马匹除供各队春耕、播种、秋翻等生产使用外，还要负责为职工过冬拉煤等运输任务。

二、农机实习工厂

农机实习工厂成立于1956年11月29日，学校任命农业机械班负责人李敬五同志兼任厂长，袁恒任副厂长。1958年任命张同昇为副厂长。农机实习工厂成立后，从十月拖拉机厂调来了一批老工人，作为各车间的技术骨干。在此基础上，陆续增加各车间工人及各种机械加工设备，如铣、铯、钻车床和锻压机床。后来，不断接收由生产建设兵团陆续拨来的由苏联生产的各种机具，如犁、耙、播等农业机械，以及各种中耕施肥、植保、栽植机械，各种作物收割机械，如谷物联合收割机、棉花收摘机、甜菜收割机、马铃薯收割机、青贮饲料收割机等。教师们还自己动手制作了许多重要的教学设备，如东方红拖拉机整机解剖电动模型、液压机实验台、电器实验台、播种机实验台、切割机实验台、谷物临界速度测定台、谷物清选实验台、剪毛切割试验装置等。还取得了自行设计和制作方面的数项科研成果，如背负式稻麦两用联合收割机、双头挖坑机、电动剪毛机等农用机械。在这一时期内，该厂除承接与本院有关课程的教学实习和毕业实习外，还承揽校外农机具修理的任务。此外，该厂还修建了一个面积为800平方米的机库，为教学实习提供了一个良好的室内场地。

三、头屯河农场

头屯河农场成立于1955年上半年。当时学院隶属新疆生产建设兵团领导，新疆生产建设兵团将所属的头屯河农场划归八一农学院作为实习农场并命名为“八一农学院头屯河农场”。学校任命刘震为场长，宋云中为副场长。1956年任命侯德岐为场长，陈尚德、杨延赋为副场长。下设办公室、政工组、财务组、生产组、总务组。办公室主任王奉先，政工组组长赖新，财务组组长王奉先（兼），生产组组长崔新丰。为适应教学、科研与生产发展需要，基层组织设有农业队，畜牧队和机耕队。农业队队长崔新丰（兼），畜牧队队长陈尚德（兼），机耕队队长高志忠。农业队辖属三个班，即大田班、浇水班和蔬菜班。畜牧队管辖三个班，即养牛班、养羊班和养猪班。全场有干部 10 余人、工人 200 余人。1958 年招来了一批支边青年，工人数量增加到 500 余人。全场耕地 12000 亩。每年除种植粮食作物外，还种植蔬菜和瓜类。据 1960 年记载，1959 年大部分土地用于播种粮食作物，播种的蔬菜面积 1000 余亩，瓜类面积 800 余亩。全年提供蔬菜 2000 吨、肉类 175 吨、蛋类 97.2 万枚、牛奶 160 吨、瓜类 1600 吨。还为生产单位提供种猪 1000 头、种羊 50 只、种牛 20 头、种禽 4000 只。年底畜禽存栏数达到猪 2227 头、鸡 22000 只、牛 280 头、羊 1557 只及少量马、兔、鸭、鹅等。在工业方面，1959 年生产煤炭约 2 万吨和砖 1000 万块左右。在配合教学、科研方面，有关各系于年底前提出第二年教学实习和科研计划，分别报教务处与科研办公室经汇总后与农场商定，做出配合教学实习和科研计划的具体执行方案。全场的生产计划也于年底前报院领导批准后执行。总之，头屯河农场在 20 世纪 60 年代初已初步形成教学、科研、生产三结合的基地。

四、南山林场

南山林场成立于 1960 年 1 月，经自治区批准从小渠子林场划拨 7000 公顷左右的林地归八一农学院作为林学专业实习、试验基地，隶属林学系领导。学校任命林学系教师赵杰兼任场长，张和才任副场长，梁廷烈任政治指导员，王诵诗任会计，陈福泉、郑家恒、陈开秀、潘秀珍任技术员。全场有职工 50 余人，每年伐木 6000 立方米—7000 立方米，还有一个 10 余亩的苗圃，培育云杉苗，有计划地进行迹地更新。

学生实习分教学实习和毕业生产实习两种。教学实习安排本科生在二年级第四学期或三年级第五学期，一般在四五月份进行时间为一个月左右。实习内容包括育苗，更新造林、防护林，林木病虫害防疫，林木遗传育种，森林生态保护，测树学，森林采伐利用等。有关教师轮流到林场去指导。本科生的毕业生产实习被安排在四年级第八学期进行，按学生选定的方向与生产紧密结合，如苗圃作业、造林、抚育、病虫害防治等。要求学生通过生产实习做毕业设计，如造森林调查设计、森林采伐调查设计，或在教师的指导下自选课题做毕业论文。

在配合科研方面，负责科研课题的教师与林场技术员共同实施课题研究，在课题组教师的指导下，由技术员负责日常管理与测定。科研课题分短期与长期两种，短期课题如“迹地类型调查研究”“人工更新多项试验及引种试验”“云杉林生物量测定研究”等。长期课题，如对于云杉林生长规律的研究，按不同海拔设置标准地，定期进行测定；对于各种不同采伐方式效果的研究，设不同采伐方式的标准地进行对照；对于育种研究，选定云杉优树多株采种，采籽种植后观察其小苗生长情况等。总之，各项科研项目的研究与教学、生产配合得十分密切，不少研究课题取得了可喜的成果。如张新时、张瑛山等研究的“迹地类型调查研究”课题成果对林业生产的指导发挥了积极作用，研究论文发表于《林业科学》杂志上。

综上所述，老满城实习农场、农机实习工厂、头屯河农场、南山林场，以及野果林改良场和畜牧兽医系管辖的兽药厂、水貂厂，农学系辖属的化工厂等教学、科研、生产相结合的实习、试验基地的建设，大大改善了我院有关专业的教学、科研和试验手段，丰富了教学、科研和试验内容，为配合教学、科研起了十分重要的作用。

忆学校老年网球场初建

新疆农业大学老年网球场是在原露天电影院的基础上修建的，位于老满城西门内，这里过去比较偏远僻静，又因影院废弃多年，院内杂草丛生，石砾遍地，是苍蝇、老鼠的“独立王国”。院外白天野兔跑，夜晚闻狼嚎，荒无人烟，一片凄凉的景象。电影院修建于 20 世纪 50 年代，其面积约为 2000 平方米，周围有 4 米高的围墙。墙内是前低后高，慢坡而上的影院场地。后高处正中，修有 15 平方米的放映室，前低处正中修有一处约 30 米宽、5 米高的高大的卷形白粉墙银幕。两边各有一个出入大门，门外修有一排放置电影器械和卖电影票的房间。进大门，有一块约 15 平方米的长方形平地。电影院虽废弃多年，但这块平地已成为相互争夺的宝地。该地最早是学校的体育课场地，也曾作为老年人的健身活动场所，后经学校同意，于 1986 年下半年开始在此修建网球场。

参与修建网球场的人数并不多，劳力也不强，只有八九位离退休或接近离退休年龄的老人，他们是：王推恩、张国仁、童鹤陶、王廷选、袁正祥、赵震宇、曹本源、黄又俊、马轩麟等。老干处领导指定王推恩负责组建老年网球队并担任队长。当时，他已参加自治区老年网球队，经常到南门体育馆网球场打球，无暇顾及建场，参加劳动的时间也较少。建场的老人们都自愿参加，自由组合，自取其乐，没人动员，没人检查，没人督促，每天早晨起床后带上工具，自动上工，一到工地立即投入挖土、抬运的劳动热潮，连续劳动两小时，中间也不休息。劳动中，他们不论年龄大小，都抢着干重活，没有迟到、早退的，他们的手心起满了老茧和水泡，从不叫声苦和累，几位老人甚至带病和大家一样争先恐后，也不歇息。大家心往一处想，劲儿往一处使，虽然有点劳累，但劳动热情高涨，干劲儿倍增。劳动工具都是老人们从家里带来的铁锨、十字镐、坎土曼，以及自编的柳条筐和抬把。这些笨重的原始工具用久了就会变钝，加上老人们体力不济，自然效率低，进度慢。但老人们下工时都要抢着多挖几锨，多抬几筐，舍不得离开工地。连续苦干了几个月，第一个场地终于挖平了，老人们从家里拿来水桶或脸盆，从几十米外的大操场端水，浸泡场地。还要铺上几厘米厚的三合土，然后夯实压平，挖坑立铁柱，划线拉网，才能使用。于是，大家分头行动，有些人四处寻找并运来建筑时剩下的沙子和白灰，有的人就地筛黄土，还有人找来了大小不同的混凝土磙子，曹本源同志到农机实习工厂与工人师傅一起设计并制造拉网的铁柱子。干了半个多月，一个网球场建成了。周围种上了不同品种的花卉，美化了环境，还制作了大小不同的座凳。在建场早期贡献较大，主动性较强，劳动时间较长，出主意、想办法较多的是张国仁同志，他除每天早晨和大家一起参加劳动外，还经常到工地去设定进度方案并设计总体规划。虽然他不是队长，但在队员们的心中，他就是当之无愧的网球场设计者、组织者和领导者。建场中期贡献较大的就是杨华富，不论推平场地，还是自来水管改道，以及场地维护等，他总是一马当先，这都是有目共睹、众所周知的。

网球队成立后，工会给每个网球队员发了木制球拍和网球，队长王推恩还组织队员观看美国网球教学录像片并购买了网球书籍等。当时，因无场地练球，经协商在附中体育馆内练习打球，每周只许打三天，每次打两小时。新修的网球场竣工后安排队员轮流打球，练打时间增加，队员们的打球技术也不断提高。随着网球队人数不断增加，经全体队员讨论拟修建第二网球场。每个队员接受了分配的任务，干了一周左右，杨华富同志也来参与修建并开来了手扶拖拉机，大伙只用了几天时间，就把第二网球场推平了。不久，第二网球场竣工，但第二场地高于第一场地的平台，有时捡球需要跑下第一场地或跑上离球场较远的土坡。

1988 年秋天，自治区体委请来了西安体育学院的黄甫老师，举办网球训练班。农大网球队也乘机举办了为期 8 天的网球培训，请黄甫老师来校任教。参加这次培训的除全体网球队员外，还有几个新队员。他们是：刘世文、刘云鹏、袁世兰、杨华富、赵晓旭、柳兴俭、乔晓良、苑景禄等。通过这次受训，新老队员在握拍、站位、发球、接球、力度、强度及各种战术与打法上均有了很大的提高，尤其在网球基本功方面打下了较为坚实的基础。

老年网球队日渐兴盛的时候，传出学校要收回网球场做其他用途的说法。老人们听到后，又失望，又茫然，不知所措，队员们议论纷纷，有人气愤地说："难道我们的汗水白流不成!"童鹤陶、张国仁两位同志自告奋勇多次向学校领导反映我们的意见并提供解决办法，终于使学校做出了不收回的决定。推平全部场地需要集资经费，当时，童鹤陶等几位老同志积极行动，奔走相求赞助，凑足了经费。

在自来水管道引进网球场的劳动中，有一次我和杨华富同志一起，他开手扶拖拉机拟将一块钢板拉来当井盖。因钢板太重，起初我俩未能抬起，第二次因用力过猛，我的腰部骨折，当时瘫在地上，过了一会儿，才被扶起来。后经两次住院治疗，腰伤虽有好转，但留下了疼痛的毛病，不能继续进行网球活动。故于 1991 年 5 月，我离开网球场去学打门球了。

我参加门球队不久，就与龚琪同志分别担任门球队正副队长，我二人后改任门球协会正副会长。经过较长时间的训练，熟练掌握了门球技术、战术、竞赛规则和裁判法。同时，经过有计划、有组织的严格训练，农大门球队员整体达到了中上水平。我虽然喜欢门球，然而门球运动规则中有许多不确定因素，队员之间经常发生争吵，甚至闹不团结，与健身有悖。1999 年开春，70 岁的我告别了门球，重新回到了网球队，每天上午活动一小时。当年，我还参加自治区“七老八十”老年网球队。后来我每年参加各单位轮流举办的网球竞赛活动。而今，我已八十又六，仍然喜欢网球运动，继续坚持打网球，我的网球生涯进入了诗一样的境界：“一拍子，两拍子，拍拍增寿；八十岁，九十岁，岁岁平安。”

难忘的慰问

1954年4月10日，全国人民慰问人民解放军代表团第二总分团团长杨明轩等带领所属五个剧团之一的香玉剧团来新疆军区八一农学院做慰问报告和慰问演出。全院师生职工手持彩旗、花束，以极大的热情夹道欢迎。慰问团代表和香玉剧团的演员们分别参观了学校实验室、教室、学生宿舍、伙房和饭厅。杨明轩团长对教育事业极为关怀，聆听了教师讲课，还与许多师生见了面，勉励少数民族学生和汉族学生要加强团结，互相帮助，互相学习，争取更大的成绩。

下午在大礼堂（现在的档案馆）举行慰问报告会，首先由八一农学院副院长孟梅生同志分别介绍了慰问团和香玉剧团的领导。然后，在一片热烈的掌声中，慰问团领导开始做慰问报告。他说："敬爱的八一农学院领导和全体师生、员工同志们，你们好！我们怀着十分感激的心情来到祖国边疆。今天在这里举行盛大的慰问报告会，传达中国共产党、中央人民政府、毛主席和全国人民对驻在边疆的人民解放军的深切关怀，我们感到无比兴奋和愉快！我谨代表全国人民慰问人民解放军代表团向你们致以亲切的慰问和崇高的敬意！中国人民解放军是新中国的缔造者，是人民民主政权的最可靠支柱，是祖国国防和经济建设的保卫者。全国人民时刻不忘为祖国为人民立下丰功伟绩的中国人民解放军，特别是对远驻新疆的人民解放军的情感更为深切。自你们进军新疆和坚持三区革命斗争的民族部队、新疆起义部队胜利会师以来，在四年多的时间里，你们保卫了祖国边疆，维护了社会治安，参加了新疆各项民主改革运动，帮助各族人民建立了自己的政权，你们还努力参加新疆的各项生产建设，均获得了伟大成就。你们劳苦功高，你们有功于祖国和各族人民。为答谢你们建设祖国的伟大功勋，党中央、毛主席特派遣我们来向你们表达深切的关怀和慰问。”他还说：“我们的伟大祖国和各族人民，在中国共产党、中央人民政府和毛主席的英明领导下，在英勇的中国人民解放军的保护下，四年来在恢复、发展工农业生产，进行各项社会改革中获得的辉煌成就是有目共睹的。”接着，他用具体事实和数字详尽地说明我们祖国四年来的伟大成就及全国各族人民在总路线的指引下为使国家过渡到社会主义所做的努力。最后，他勉励师生搞好教学，不断发展边疆的农牧业生产，团结起来，争取更大胜利。慰问报告数次被热烈的掌声打断，受到了全院师生的热烈欢迎，这大大鼓舞了全院师生、职工，为办好八一农学院增添了信心和决心。

在一片热烈的掌声中，香玉剧团团长常香玉讲话：“尊敬的八一农学院领导和全体师生、员工同志们，你们好！我和我领导的剧团，能够参加全国人民慰问人民解放军代表团为大家演出，是我们剧团的无上光荣！我非常高兴！我九岁学艺，十岁登台。那个年代唱戏人地位低，称‘戏子’。我本姓张，叫张妙龄，族长感到丢人，不准我姓张，死后也不准进祖坟。后来我遇到一位姓常的老人，就拜为义父，就改姓常跟他学艺。我领导的剧团成立于 1948 年，中华人民共和国成立前只有 20 多个演员、职员，几十件破旧的剧装。现在我们剧团有 130 多人，有 1000 多件崭新而美丽的剧装。我这个在旧社会被人看不起的‘戏子’，今天成了国家的主人，成了几个委员会的委员和人民代表。这些都是共产党、人民政府和毛主席领导的结果，是人民解放军过去和现在艰苦奋斗的结果。”她讲到这里，慰问团团长杨明轩打断了她的讲话并向大家介绍说：“常香玉团长是个爱国艺人，她和她的剧团奔赴朝鲜战场，在175天的时间里共慰问演出180场。她在全国各地义演，整整跑了两年，筹到15亿旧币，捐献了一架‘香玉剧社号’战斗机。”他的话音刚落，会场响起了一片长时间的掌声。常香玉接着说：“一架战斗机需要几十亿元，我和丈夫商定义演筹钱。于是，带领我的剧团辗转开封、郑州、武汉……走遍了大半个中国，行程逾万里。为了凑集足够的资金，还卖掉了剧社的运输卡车，取下了金戒指和金项链，拿出了多年的积蓄，加在一起共有15.2亿元，才实现了捐献战斗机的心愿。”最后她表示：“我是人民的女儿，我要永远为工农兵服务！永远为你们歌唱！”常香玉团长的讲话数次被热烈的掌声打断，她的义举为师生所钦佩，为师生所感动！

孟梅生副院长致答谢辞，他说：“我代表八一农学院全体师生，对全国人民慰问人民解放军代表团的慰问报告和香玉剧团的慰问演出表示热烈欢迎和衷心感谢！你们远道而来对部队进行慰问，传达中国共产党、中央人民政府、毛主席和全国人民对人民解放军的关怀，这是给予我们的极大的荣誉和鼓舞。我院成立只有两年时间，虽然取得了一些成绩，但教学质量不高，存在的问题还很多，我们一定发奋努力，办好八一农学院，决不辜负人民的希望！”

晚上在大礼堂慰问演出时，我作为招待负责人与演员们零距离接触，感到更加亲切。晚饭后，我跟几个招待员到礼堂后台的招待室内摆好了糖果、茶水、香烟并招呼他们吃喝。他们都在紧张地工作，有的人在布置舞台，演员们有的正在化妆，还有的在对台词，谁也顾不上吃，谁也顾不上喝。夜幕降临，演出开始。爱国艺人常香玉和她的剧团的演员们用自己的劳动和智慧创造性地表演了《花木兰》《白蛇传》等剧目，尤其是《花木兰》，成功地刻画了剧中的人物。当我们的国家受到了侵略，人民的生活受到了严重的威胁和破坏而要替父从军的时候，花木兰的心愿和传统思想矛盾，以及当她决心从军而父母、姊妹表现出不同的态度时，她内心的矛盾和斗争，都在常香玉成功的艺术表演中逼真地反映出来。通过她的表演，人们看到了花木兰这个爱国志士的生活面貌。每个演员都把自己辛苦编创的精彩节目献给了人民解放军指战员，献给了全院师生和职工，表达了全国人民和他们自己的心愿。每个节目结束后，现场都会响起经久不息的掌声。师生们为了答谢演员们的精心演出和热情慰问，演出结束后，向演员们献花，表示感谢和敬意。谢幕后，招待员们有的给演员送洗脸水，有的送茶、送糖，嘴里还不停地说“演得好！演得好！”常香玉同志卸妆后，催演员们动作快点。我趁机左手拿着笔记本，右手拿着钢笔走到常香玉面前躬身施礼，然后说：“常团长给我写几个字吧！”她愉快地接过笔记本和钢笔写下了“永远为你们歌唱！”的题词。这页题词，我保存至今，作为历史见证。

全国人民慰问解放军代表团带来的慰问品，汇集着毛主席和全国人民的心意，汇集着人们对新疆地区人民解放军伟大的爱和深情的关怀。这些礼品是：

1. 伟大领袖毛主席和朱总司令的彩色相片

2. 金光灿烂的纪念章

3. 美丽耐用的金笔

4. 精制的慰问手册

5. 印有天安门图案和“保卫祖国、保卫和平”字样的搪瓷杯

光阴似箭，日月如梭，经过几代人的不懈努力，我国的政治、经济、文化、教育等各项事业，全国各族人民的生活均发生了翻天覆地的伟大变化。常香玉同志身患癌症，已于2003年离开人世，国务院追授她为“人民艺术家”荣誉称号。她“永远为你们歌唱！”的名句，将永远铭刻在人们的记忆中。

学校档案馆楼的历史变迁

农大档案馆楼，于2010年年初被乌鲁木齐市作为第二批历史文化建筑遗迹之一公布于世。我在这栋楼房里工作、学习、生活了几十年，感到无比自豪而兴奋。1945年农历五月初十，我随马家骑五军由青海省民和县享堂出发，经西宁、门源翻过天山，又经星星峡、哈密，于当年9月到达迪化（现乌鲁木齐），住在老满城，就亲眼看见了作为礼堂的这座建筑。现在回忆起来尚记忆犹新、思绪万千。外形像一个“王”字的楼房坐落在老满城中轴线以西的右侧，周围的建筑群都是土平房，唯有它前面是两层楼，中间和后尾是高高的脊梁形，屋顶周围有女儿墙装饰，铁皮油漆呈紫红色，既庄重又严肃，显得格外华丽。进门两侧各有一间10余平方米的房间。左侧楼梯直通二楼，楼上两侧也各有一间小房，面积和形状与一层两侧的房间相同。楼下从进厅边门入内，宽阔的大厅展现在眼前，厅内光线十分明亮，大厅两边上下的玻璃窗、红色的木板地面和乳白色的天花板相互陪衬。两厢靠墙各有6个黑色铁皮包裹的大壁炉和两个侧门。半月形的舞台高约1.5米，舞台两侧各有4间10余平方米的房间，舞台后面两侧各有一个便门可出入。这是尘封60

多年，在我心中难以消失的记忆。

1952 年春，我又随第二步兵学校移驻老满城。是年，学校改为“新疆八一农学院”，校址就选在老满城，并于 8 月 1 日在这个礼堂内举行了开学典礼。当日，我聆听了八一农学院创办人王震将军热情洋溢的讲话。1954 年，学校调我到图书馆工作，当时的图书馆就设在礼堂边厅内。同年 10 月，礼堂失火，经维修改作图书馆代用馆舍，于翌年 8 月 1 日正式交付使用。“文化大革命”期间，我家曾一度住在馆舍内，待分到住房后才搬出。2000 年 5 月 29 日图书馆迁入新址后，学校将它作为老干部活动中心，它又成为我养老、娱乐和休憩之地。2013 年，学校将该楼作为档案馆，公开招标设计方案，中标后施工方按档案管理要求进行施工。

这幢楼曾两次经受火灾洗礼。第一次是 1954 年 10 月，一个星期六的晚上，全院师生、职工、家属正在礼堂看电影，开演不久即停演，大家还以为片子断了。这时校办一个名叫刘克访的人急忙跑上台对大家说：“有情况，请大家不要乱，先让前面坐的幼儿园小朋友退场。”之后他宣布说：“礼堂失火，大家赶快救火！”救火就是命令，火场就是战场，全院师生、职工大都是久经考验的解放军指战员，他们迅速在楼周围主动排列成多行队形，从室内向外转移图书、桌椅及各种家具。不久，又从室外用水桶和洗脸盆盛水，传送到登上梯子站在墙头的人手中，让其向火泼水。风越来越大，火势越烧越旺，从屋顶各天窗喷出的火舌浓烟滚滚，形成了一条通道，屋顶被铁皮严严实实地覆盖着，人们无法接近火。及时赶到的消防队迅速揭开了铁皮孔洞，打开救火龙头从东、西两个方向将水喷向熊熊烈火，但因火势过大，加之楼顶皆由木架建造，礼堂终未得救，等大火结束后只剩下四面墙了。这次起火的原因是电线老化。

第二次失火是 1959 年年初，图书馆在维修时，施工的工人将烟头掉在后面左边的屋顶上保温层的锯末中，导致起火。住在图书馆内的两位女同志半夜起来解手，外出时发现屋顶起火，快速敲开了高学文同志的房门并告诉他图书馆楼顶失火的情况。高学文同志听后，迅速穿好衣服跑进大厅，提起几个灭火器，上二楼翻过窗户，从屋顶直奔起火地点，打开灭火器操作，几分钟之后就控制了火势。虽然部分木头被烧焦，一间房子的天花板的一角被烧通，但因发现及时，救火动作迅速，未造成重大损失。

这幢楼的维修，如修复屋顶、更换铁皮、内部改动、装修等，前后共进行过 4 次：

第一次维修在 1954 年失火后。灾后，这幢楼除留有大部分地板和四面砖墙外，几乎是一个空架子，需要重新设计和修建。考虑到原来地基承受力等情况，大厅中间增建了两排共 24 根方形水泥柱，以支撑屋顶的中间大梁；大厅两厢每个房间都安装了双扇门和暖气包，废除了原有的 12 个壁炉；撤掉了舞台，在半高的木板墙中间是借还图书的出纳台，出纳台两边各有门用于出入；屋顶的木架基本仿照原来的形式建造，将原来的旧铁皮用铁钉钉在屋顶的木架上；天花板由粉白色的方块纤维板拼成；大门正中用石膏镌刻着“图书馆”三个涂红的大字，其余楼房内外与原来没多大变化。改建后的图书馆代用馆舍，总面积 1720 平方米。其中书库面积 600 平方米，阅览室面积 1020 平方米，办公和工作用房面积 100 平方米。

第二次维修在 1959 年年初，由于屋顶于第一次维修时用上了大火烧过的旧铁皮。5 年后铁皮锈迹斑斑，下雨时多处漏水，而且漏水面积越来越大。在利用各种材料补修无效的情况下，学校才决定进行彻底维修。这次维修，一是更换铁皮，二是增建后部两侧凹进部分作为阅览室，三是撤除屋顶两边的女儿墙，四是往前移动书库隔墙，五是改修木地板为水泥地面。当时，藏书面积紧张和学生阅览座位不足的情况已相当严重，故图书馆建议在两侧各建二层楼。领导虽同意这个意见，但因没有设计图纸和预算经费，未能如愿。

第三次维修在2000年6月，图书馆迁入新馆舍，学校将它作为老干活动中心。这次维修主要是根据老干活动的实际需要，在内部装修方面做了一些调整与变动。如撤除了书库与大厅之间的木板隔墙，地面铺上了防滑瓷砖，修了男女厕所，将右侧边门改建成副正门，封闭了二楼与大厅的空间，等等。

第四次维修是2013年该楼作为档案馆后，按中标设计方案进行。采用封闭式，将周围窗户堵死，外观不变，唯内部布局考虑到档案管理的特殊要求，将大厅中间支撑屋顶大梁的24根方形水泥柱撤除，按需要分若干部分进行维修。

这幢楼经历了许多重要的往事。1949年9月王震将军领导的二、六军进入新疆后，六军军部驻在老满城，就在这个礼堂内召开过屯垦戍边动员大会、新疆农牧业生产建设干部大会、带领群众积极参加边疆生产建设的党员大会。1952年年初，新疆军区司令员王震将军庄严宣布中央军委“撤销第二步兵学校，成立八一农学院”的决定。是年8月1日，在礼堂正式举行开学典礼。1954年4月14日，全国慰问人民解放军代表团第二分团团长杨明轩、人民艺术家常香玉在礼堂向全院师生、职工进行慰问报告和慰问演出。图书馆是高校不可或缺的重要机构，1955—2000年，该建筑作为图书馆馆舍的45年间，在配合学校的教学、科研等方面发挥了十分重要的作用。2000—2013年的13年间，它作为老干活动中心依然继续发挥作用。从2013年起，它又焕发青春活力，肩负着继承、发扬中国人民解放军的优良传统、实事求是的抗大精神、“理论联系实际，教学结合生产”的办学方针的重任，启迪后人，代代传承。

我见证了这幢楼的历史变迁过程，但对它的修建时间尚不明确，比较公认的说法是中华人民共和国成立前盛世才统治新疆时期修建的。据《新疆八一农学院院史》记载，“1933—1943年，盛世才在此办过简易师范学校”。这座礼堂建筑应该是为开办简易师范学校而建。如果这个推断正确的话，这座建筑至今已有80多年的历史了。

学校图书馆创建与发展的一段历史

八一农学院图书馆于 1952 年 8 月在原第二步兵学校图书室的基础上建立，至今已有 60 余年的历史。60 余年来，图书馆在院领导的关怀下，在全院师生、职工的大力支持下，在图书馆全体工作人员的共同努力下，已发展成为一所初具规模的，以农业文献为特色、图书情报资料为中心，为教学、科研服务的学术性机构。但是由于基础薄弱，经费有限，馆舍条件较差，发展比较缓慢。

图书馆实行院长领导下的馆长负责制，内部机构设有采编、流通、期刊三个组和科技情报室。图书馆现有藏书 41 万册，其中汉文图书 24 万册，少数民族文字图书 5 万册，外文图书 6 万册，中、外文期刊合订本 6 万册，每年订有各种文字期刊 1300 多种。现有工作人员 32 人，其中具有大专以上文化程度的 14 人，占工作人员总数的 43. 8%，已评定图书馆业务技术职称的有 13 人（馆员 4 人，助理馆员 7 人，管理员 2 人），占工作人员总数的 40. 6%。

60 余年来，图书馆从无到有，从小到大，时起时伏，时进时退，螺旋式上升，波浪式前进，有过飞速发展，也经受过各种挫折，经历了曲折的、崎岖不平的道路。它的历史大致可分为四个时期：筹建时期（1952—1955 年）；发展时期（1956—1965 年）；受灾时期（1966—1976 年）；恢复和新的发展时期（1977 年至今）。

一、筹建时期（1952—1955 年）

图书馆自建立之日起就继承并发扬了人民解放军艰苦奋斗的光荣传统，把自力更生、艰苦创业作为建馆的指导思想。当时，图书馆归教务处领导，有工作人员 5 人，由邱岭同志主持工作。1954 年我被调来任图书馆负责人。馆舍占用大礼堂进厅内的三个房间，面积 100 平方米左右。1954 年礼堂失火，图书和设备受到一些损失。1955 年 7 月，图书馆搬进了由礼堂改建而成的代用馆舍，沿用至今，总面积 1800 平方米，其中书库面积 600 平方米，阅览室面积 1100 平方米，办公和工作用房面积 100 平方米。

藏书截至 1955 年年底，图书馆已达 45546 册，有三部分来源：一是从第二步兵学校移交过来的图书约 14800 册；二是新疆军区农业干部训练班撤销时拨来的图书 4000 余册；三是购入图书 23000 余册。以上藏书构成中，一、二两部分图书大部分是军事和政治理论教育方面的通俗小册子。建馆后，因地处边疆，缺购和漏购的农业科技图书不少。另外，由于经费的限制，外文图书购买得也很少。馆藏图书中，比较齐全的是高教部推荐，由新华书店统一发行的农业科学技术及数、理、化等基础学科的图书，以及高等院校内部编印的交流讲义，这些图书基本保证了教学的需要。

图书馆最初使用“杜定友十进图书分类法”，经过一段时间的使用，发现十进分类法弊病很多，如类目服从类号，内容服从形式，表面看很整齐，实际上不管类目多少一概限于十位，很不适用。不久，将全部汉文图书用中国人民大学图书馆图书分类法进行改编。

为扩大图书流通量，提高图书的利用率，除设立了借书处外，还按系科设置和教学需要设立了不同的专业阅览室，如农业科技图书阅览室、一般科学技术图书阅览室、政治理论图书阅览室、民族文字图书阅览室、俄文图书阅览室、西文图书阅览室、农业期刊阅览室、一般期刊阅览室、过期期刊阅览室、报纸阅览室等。各室陈列的图书、期刊实行开架阅览，由于布局合理，而且读者可以直接与书刊见面，因此吸引了不少师生来馆阅读。

总之，图书馆在筹建时期，办馆方向和指导思想是比较明确的。虽然由于当时各项工作尚处于摸索之中，加上工作人员缺乏业务知识，也走过一些弯路，但在不断总结经验的基础上，各项工作都取得了一定的成绩，为配合教学做出了一定的贡献，也为图书馆日后的发展打下了良好的基础。

二、发展时期（1956—1965 年）

1956 年党提出“向科学进军”的号召。同年 12 月召开了全国高等学校图书馆工作会议，会上讨论通过了《中华人民共和国高等学校图书馆工作条例》，明确了高等学校图书馆的性质、地位、任务、作用、机构设置、人员编制、经费、设备等问题。当时我列席了会议。这次会议是高校图书馆的进军大会，标志着高校图书馆事业进入了新的发展阶段。在这样的大好形势下，我院图书馆开始向正规化、科学化方向发展。

（一）任命领导干部，培训业务人员

先后任命梅成章、吴华宝两位教授担任图书馆馆长。虽然由于种种原因，他们的任期都不长，但足以说明，学校领导对图书馆建设是重视的。此外，先后选派我、倪达男、陈玉梅等同志到北京大学、武汉大学图书馆学系和西北农学院图书馆进修图书馆学专业和图书馆业务。经过半年到两年的进修学习，我们基本学完了图书馆学的主要课

程和基本业务知识，回馆后组织图书馆在职干部的业务学习，举办资料人员培训班，讲授图书资料的分类编目等课程，讨论、研究图书馆、资料室如何为教学、科研服务并制定了资料室工作规程等制度。

（二）增加经费，充实藏书

1957 年是建馆以来图书经费最多、发展最快的一年。采购图书的原则是“方向明确，重点突出，注重专业，照顾一般”，重点购买马列主义经典著作、各种工具书、各门课程的主要参考书和有关专业的一般参考书。并本着“古为今用，洋为中用”的原则，结合专业需要选购部分古籍书和外文书，为了加速藏书建设，先后派王至培、鲁耕芜、徐近孝三位教师分赴西安、北京、上海、南京等地搜购有关专业的图书。此外，图书馆采用与各专业出版社订立合同的办法，将所需要的几个大类的图书事先与有关出版社签订合同，由出版社主动发书。曾先后和农业出版社、水利电力出版社、机械工业出版社、科学出版社等建立过这种联系。在选书上采用“分选统购”的办法、如定期召集教师和资料员来馆协同选书，或由采购人员把新书目录送到有关教研室和教师手中，请他们圈选。每年订中、外文期刊也是先由各系圈选，再由图书馆审定后汇总订阅。此外，为了保证主要参考书的供应，每学期末，由开课教师按表格填写参考书目，图书馆按书目进行查对，所缺图书设法补购。以上补充图书的方式都收到了良好的效果。

（三）选用分类法，改编馆藏图书

图书馆先后使用过十进分类法、中国人民大学图书馆图书分类法、中小型图书馆图书分类法。上述分类法都存在不少缺点，不能适应科学技术迅速发展的要求。

《中国科学院图书馆图书分类法》出版后，我们经过反复研究，认为它是一部比较完善的图书分类法。其优点是自然科学的类目比较细致，能适应科学技术的发展，符合科学分类的要求，适合专业图书馆使用。为此，图书馆决定将馆藏20余万册各种文字的图书统一用中国科学院图书馆图书分类法进行改编。1959年下半年开始，按照中文、俄文、西文的顺序将全部图书重新分类、编目和排架。通过改编组织了各种文字图书的分类目录和书名目录，从而形成了比较完整的目录体系。

（四）密切配合教学，积极开展读者服务工作

高校图书馆的主要任务是为教学和科研服务，其工作的出发点是服务读者。图书馆在为教学、科研服务方面做了很多工作，为读者提供了许多方便，如编印期刊目录和新书通报，进行图书宣传和阅读辅导，以及推荐优秀书刊等。专业性比较强的外文图书和期刊被放在相关资料室，供教师参考。各阅览室设立辅助书库，分别陈列政治理论和各种专业参考书，供师生自由取阅和短期外借，从而加速了图书的周转。在图书流通方面，除个人借书外，还对教研室和学生班级实行集体借书，指定专人负责管理和使用，图书馆随时检查保管情况。这种形式大大提高了图书的利用率，读者也乐于接受。此外，还采用送书上门、电话借书、馆际互借等形式，均收到了良好的效果。

（五）编印《图书馆工作手册》，以保证各项工作的科学性和连续性

图书馆工作具有承上启下的特点，如各行其是，前后不一，就会造成混乱。编辑《图书馆工作手册》就是为了使图书馆的各项工作有所依循，以达到标准化和规范化。1960年4月编印的《图书馆工作手册》共分8个部分：内部机构、人员配备、工作范围、管理制度、工作细则、各种制度、读者守则、图书馆工作人员努力方向。多年来

的实践表明，这本手册虽然不够完善，有些地方不够准确，但对图书馆的发展、对各项工作的统一起了一定的积极作用。

（六）制订长期规划和年度计划，使图书馆工作沿着正规化方向有重点、按比例地发展

在1963—1965年发展规划中，要求大力充实农林、牧、兽医等专业图书，计划三年内净增图书16000种40000册，馆藏总数达到60000种250000册。还要求对馆藏书刊科学地进行分类编目并建立比较完整的目录体系，中、日文图书要有分类和书名两套读者目录，西、俄文图书要有分类、书名和著者三套读者目录及馆藏书本目录，中、外文期刊要有卡片和书本目录。1960年的年度计划比1959年要求更具体、更切合实际。为使长远规划和年度计划顺利实现，采取了长计划与短安排结合、布置工作与检查计划结合、领导与群众结合的办法。

（七）参加馆际协作，互通信息，资源共享

1959年3月，乌鲁木齐地区图书馆馆际协作委员会成立。在藏书建设、集中编目、互借图书、科学研究、干部培训等方面实行协作。1962年，高校图书馆馆际协作委员会成立，在藏书建设、图书交换、资料复制、馆际互借、编制联合目录、干部培训、经验交流等方面实行协作。我馆在上述协作活动中做出了一定的贡献。

（八）参加经验交流会议，学习先进图书馆的工作经验

1962年教育厅在我院召开了全区高等学校图书馆会议，会上介绍了各图书馆的工作经验，共同商讨藏书建设、馆际协作、服务工作、图书馆与系资料室关系等问题。1963年图书馆负责人参加西北五省（区）在兰州召开的图书馆工作经验交流会议，重点讨论藏书建设、

读者工作、队伍建设、馆际协作等问题。参加图书馆工作经验交流会议有助于图书馆的发展和工作的改进。此外，陕西、甘肃两省中心图书馆委员会共同组织的调查组朱允尧等4人于1959年8月来新疆高校各馆调查并了解情况，其间来我院指导图书馆工作，也是一次向他们学习的极好的机会。院长涂治同志对图书馆非常关心，曾两次赠送有关农、林、牧方面的图书、资料共300余册。

总之，图书馆在十年发展中均沿着正规化的方向前进，到1965年年底，馆藏图书总数已达215000册，在设备方面增添了显微阅读机两台。英、俄、维吾尔文打字机各一台。这一时期内存在的主要问题是图书馆在学校的地位不高，领导重视不够，长期以来没有正式任命馆级领导，在图书馆工作人员（共14人）中，很多人文化程度偏低，业务水平不高，这一切都影响了图书馆职能作用的发挥和为教学、科研服务的工作的顺利开展。

三、受灾时期（1966—1976年）

“文化大革命”十年中，图书馆遭受了一场空前的浩劫，图书馆工作完全处于瘫痪状态。工作人员随学校师生于1970年2月26日步行至百里之外的玛纳斯林场养猪、种菜，图书馆工作完全陷于停顿状态。图书经费停拨，停止采购图书、期刊。馆舍被群众组织和军队占用，馆内藏书被随便拿走，精装书的封皮被撕下剪作象棋子。大量的图书资料被当作“封、资、修”毒草销毁，目录卡片像废纸一样被到处乱扔，书架被私人改作家具。库内图书、垃圾、大小便比比皆是，无立足之地。多年建设起来的馆藏图书损失达五分之一。可以说，同志们多年的苦心毁于一旦，给图书馆工作带来了难以弥补的损失。

四、恢复和新的发展时期（1977年至今）

图书馆在十年浩劫中损失很大，受灾很重，恢复过来需要一定的时间，要花很大的力气。在恢复时期，我们把思想教育工作放在领先的地位，在工作人员中进行分清是非、统一认识、克服派性、增强团结的教育。首先调动大家的积极性，然后有计划、有步骤地进行各项业务的恢复工作。1972 年学校在玛纳斯林场招生，要求建立图书室，先后调李崇喜、沈丽娟、倪达男、高学文、比比奴尔、马力克等同志去工作。同年，图书馆工作人员从玛纳斯林场回乌鲁木齐清理图书馆的图书和期刊。清理前，在调查研究的基础上制订了清理图书的工作计划，然后组织人力按计划实施。图书清理工作分五个步骤进行：第一步，将公务书名目录改为按类排；第二步，整架，将全部图书严格按照分类号及种次号排好；第三步，用已改为按类排列的公务目录逐架核对图书，凡已清理过的图书，在封面上加盖“清”字；第四步，用公务目录核对读者目录，缺片的补片，没有书的将卡片抽出另排；第五步，将公务目录还原。清理后，随之建立汉文图书分类、书名两套读者目录。为便于图书的统一管理，于 1978 年 7 月将 30000 余册少数民族文字的图书归并总书库。玛纳斯林场图书室的全部图书和期刊被陆续运回进行整理上架，过期期刊经清理后重新与读者见面，图书的个别登录由单页式恢复为簿式。汉文图书的工作目录由四角号码排检改为汉语拼音排检。在教学楼开辟了“学生阅览室”，室内陈列各门课程的主要参考书、各种工具书和科技新书，实行开架阅览。

总之，在恢复时期，馆藏图书逐年增加，干部队伍逐渐壮大，经过全馆工作人员的辛勤劳动，图书馆工作基本恢复了“文化大革命”前的水平。

在党的十一届三中全会决定将全党工作的重点转移到社会主义现代化建设上来的大好形势下，教育部于 1981 年召开的全国高等学校图书馆工作会议上为高校图书馆的发展指明了方向，提出了更高的要求。我院图书馆经过恢复之后，按全国高校图书馆工作会议精神和《中华人民共和国高等学校图书馆工作条例》（以下简称《条例》）要求，向现代化的方向发展。

1982 年，教育厅召开新疆维吾尔自治区高等学校图书馆工作会议，传达贯彻全国高校图书馆工作会议精神和《条例》。我院副院长罗乾昌同志参加了会议，并做了题为《充分认识高校图书馆的作用，努力办好我院图书馆》的讲话。会议上还选举产生新疆高等学校图书馆工作委员会，我被选为工作委员会副主任委员。同年 7 月召开了学院图书情报资料工作会议，讨论贯彻全国和新疆两级高校图书馆工作会议精神和《条例》的具体措施；成立了八一农学院图书馆委员会，由主管图书馆工作的副院长罗乾昌同志担任委员会主任委员。这次会议是我院建校以来召开的第一次图书情报资料工作会议，对我院图书情报资料工作起到了很重要的作用。会后以文件形式向院属各单位印发了《条例》和《我院图书情报资料工作会议简报》，要求各单位认真贯彻执行《条例》，支持图书馆工作，尽快把我院图书馆办成学校图书情报资料中心，更好地为教学、科研工作服务。

为贯彻全国和自治区两级高校图书馆工作会议精神和《条例》，自 1981 年以来我们重点抓了三件事：

一是基础工作。在清理馆藏图书的过程中提存了中、外文图书 30000 余册。在整理目录的过程中，按汉语拼音顺序改编了汉文图书目录。同时，依靠教师调查研究的基础，充实、补缺了各门课程参考书，编印了馆藏期刊目录，修订了各种规章制度。

二是队伍建设。1981 年以来，先后选派到内地进修和在本地培训的共有 14 人，占全馆现有工作人员总数的 37%。这些同志在结业考试中都取得了良好的成绩。1983 年 3 月，受教育厅高校图书馆工作委员会的委托，在我院举办高校第二期图书馆业务人员培训班，馆内有 5 人在该班担任主讲教师或班主任。结业后，组织部分学员到兰州、西安等地参观实习。此外，馆内规定每周业务学习半天，按本人条件和工作需要订出学习计划，定期交流学习心得。

三是读者服务工作。根据我馆读者服务工作比较薄弱的情况，及时把工作重点转移到读者服务工作上，如加强书刊资料的宣传报道，定期编印《汉文科技新书通报》《外文新书通报》《新到资料目录》，每年编印《中文现期期刊目录》《外文现期期刊目录》，编制各种专题书目、索引、文摘、定题服务索引等，开展科技情报工作。此外，逐步扩大开架范围，实行教师入库制度，在学生中发展义务馆员，组织成立“书友会”，编印《图书与读者》刊物，每年给新生班介绍如何利用图书馆的知识，为研究生、本科高年级学生讲农业文献检索与利用课，以及使用电子计算机输入外文图书调试成功并开始输入。

1983 年年底，教育厅、高校图书馆工作委员会组织检查组来我院检查《条例》的执行情况。检查组通过检查，对我们的工作给予了较高的评价。我们则认为，虽然为贯彻《条例》做了一些工作，但由于基础薄弱、水平较低、经费不足、馆舍条件差，与《条例》要求尚有很大差距。在评选活动中，我馆被评为贯彻《条例》较好的单位，派代表出席了全国高校图书馆经验交流会议。

1984 年以来，图书馆积极参加西北五省（区）高等学校图书馆和农业图书情报协作活动。1984 年 10 月，作为图书馆副馆长的我参加了“西北五省（区）高等学校图书馆第一次协作会议”。同年 12 月，流通组组长岳钟儒同志参加了“西北五省（区）农业图书情报协作组织成立大会”，会上我馆被选为第一届委员馆和副主任委员馆。1985 年 9 月，图书馆馆长倪达男同志参加了在银川召开的“西北五省（区）农业图书情报协作组织年会”。同年 10 月，“西北五省（区）高等学校图书馆第二次协作会议”在乌鲁木齐举行，倪达男和我参加了会议。1985 年年底，图书馆情报室副主任武青淇同志参加了由农、牧、渔业部在成都组织召开的“中国农学会农业科学技术分会”成立大会。上述协作活动对我馆的发展起了一定的推动作用。

图书馆曾先后两次进行机构调整，经自治区批准，1978 年任命倪达男同志为图书馆副馆长，1981年1月我成为图书馆副馆长，被免去预科部副主任的职务。同年2月，经院党委批准，任命陈玉梅同志为采访编目组组长、岳钟儒同志为典藏出纳组组长、李崇喜同志为期刊资料组组长，原嘉敏同志为副组长。1984年，第二次机构调整时，经自治区批准，任命倪达男同志为图书馆馆长，我为副馆长。经院党委批准，任命王祖庆同志为采编组组长，杨玲同志为副组长，任命卢佳、原嘉敏同志为期刊组副组长，任命武青淇同志为科技情报室副主任。经过体制改革，图书馆与系、处同级，受院长直接领导；建立了党支部，受直属院党委领导。

图书馆组织学会会员参加了全国和自治区图书馆学会举办的各种学术交流活动，我馆以论文作者的身份曾两次派人参加全国图书馆学会学术讨论会。自治区图书馆学会于1978年12月成立，先后举行过三次较大规模的学术讨论会，每次学术讨论会我馆都有3—4人参加。

我院图书馆学组于1981年2月成立，有会员20人。图书馆学组成立以来，先后4次召开图书馆业务研讨会。参加会议的除院内图书情报资料人员外，还有学会、高校方面，公共服务，科研等领域的图书情报专业人员。4次研讨会每次都有研讨的重点，共提交大会论文50余篇。

1980年3月，图书馆根据教育部《关于高等学校图书资料情报人员职称名称和提升的暂行规定》进行评定职称工作，经过考核、评议、审批，于1982年4月按国务院批转《图书、档案、资料专业干部业务职称暂行规定》的要求进行复查。1983年，新疆维吾尔自治区图书、档案、资料业务职称评定委员会经评审后，批准倪达男等8人的馆员职称。院党委1980年6月先后公布岳仲儒等9人的助理馆员职称和马力克等2人的管理员职称。

为建新馆舍做准备，图书馆两名副馆长于1981年5月15日赴兰州、西安、北京、南京、上海、杭州等六大城市的35所大专院校考察图书馆建筑并搜集图书馆建筑方面的资料。图书馆派人参加了西北五省（区）高校图书馆和农业图书情报协作组织的各项活动，以及由中国农业科学院主编的《国外科技资料目录——农业科学》的编辑工作。自1981年以来，图书馆去内地进修、开会共达25人次，在图书馆历史上是空前的。

近年来，国际友人如美国康奈尔大学农业及生命科学院生态系主任沙勃特博士及其夫人，解剖学家金英博士，国际复兴开发银行高级顾问霍尔汀，美籍华人生物学博士王尔中等人来院讲学并考察时，都参观了图书馆。1981年，教育部部长蒋南翔来院考察工作时也参观了图书馆。1982年，全国高校图书馆工作委员会副主任委员兼秘书长庄守经同志也曾来我院检查、指导图书馆工作。同年8月，国家民族事务委员会、原文化部图书馆事业管理局和中国图书馆学会联合组成的少数民族地区图书馆调查组，在中国图书馆学会副秘书长刘德元同志的率领下来院视察了图书馆工作。

回顾我馆60余年的历史，所走过的道路是曲折的，发展是比较缓慢的，但其发展方向是正确的，前途是无限光明的。当前，图书馆全体工作人员积极投入改革热潮，加快改革步伐，努力开创图书馆工作的新局面。一些老同志为图书馆的发展贡献了一生，已经离开了工作岗位，我们对他们的辛勤劳动表示敬意！我馆近几年来专业队伍不断壮大，专业人员的业务素质不断提高，这是加快图书馆向现代化发展的希望所在。我们应该共同奋斗，继续努力，为实现我院图书馆现代化做出新的贡献！

记学校图书馆举办的图书馆学职业中专班

学校图书馆举办的图书馆学职业中专班开办于1984年9月。有学生41名、进修生3名，共计44名。其中男生10名，女生34名。有共青团员16名，占全班人数的36%。办职业班的目的主要是为新疆地区图书馆培养初级专业人才，其次是解决部分待业青年的就业问题。办班以党的教育方针为办学原则，力求使学生在德育、智育、体育诸方面得到全面发展，同时注意突出理论联系实际、边学边用、学用结合这样一个特点。三年来，通过文化课和专业课的学习，学生掌握了图书馆学的基础理论和基本技能，达到了图书馆学中等专业教育水平。经毕业考试，有80%以上的学生取得了优良的学习成绩。至1987年5月已结束全部课程，学员赴新疆哈密教育学院图书馆进行毕业实习。该班的文化课授课方式是电视教学和面授辅导相结合；设有数学、语文、历史、地理、政治、现代汉语、外语、体育等课程。专业课设有图书馆学基础、图书分类、图书馆目录、藏书建设、读者工作、科技文献检索、期刊工作。此外，还增设书法、写作知识、科技概论等。专业课授课时间为

1332学时，教学实习和毕业实习共计576学时，总计1908学时。

图书馆学职业班教学计划是以天津图书馆学中等专业教学计划为蓝本，参照全国电大图书馆学专业教学计划，经图书馆学专业人员反复讨论制订的。教材以中南区六个省级公共图书馆编写的供图书馆中等专业学校教学使用的《图书馆专业进修教材》为主，并参考其他图书馆学专业课教材。部分课程由任课老师自编教材或教学参考资料。担任专业课教学工作的教师大部分是本馆专业人员中具有馆员职称的同志，个别课程如图书分类聘请了外校图书馆的专业人员担任。在新疆地区办图书馆学职业教育，培养图书馆学专业的初级人才还是第一次。许多问题如贯彻教育方针，提高教育质量，突出地方特点，培养德、智、体全面发展的合格人才等，还有待于继续实践和总结。

发展图书馆学职业教育的关键是领导重视。新疆八一农学院图书馆学职业班是乌鲁木齐市职业教育中心委托新疆八一农学院附属中学、八农图书馆及新疆图书馆学会共同领导，由八农附属中学具体负责办起来的。在办班的过程中，乌鲁木齐市职业教育中心领导多次来班了解情况，指导工作。在经费十分紧缺的情况下，八一农学院领导专门拨款5000元作为办学经费。八农附属中学领导注意解决教学中存在的问题。八农图书馆领导帮助制订图书馆学专业教学计划，聘请任课教师，安排实习场所。如果没有各方面的重视和支持，要办好这样的班是不容易的。

发展图书馆学职业教育还必须加强管理教育工作，要有一批热心人为其出力流汗，任劳任怨，勤恳工作。这个班的部分学生由当初的自由散漫、不爱学习转变为现在的有理想、有道德、守纪律、爱学习。主要原因是有一套做管理工作的班子。首先是班主任言传身教，做了大量艰苦、细致的思想工作；其次是成立了“家长管理委员会”（简称“家管会”），家管会委员轮流到班上了解情况，协助班主任进行工作。两位班主任工作都十分出色，除经常进行思想教育、革命传统教育、时事政策教育及纪律教育外，还组织各种形式的集体活动，如讲演比赛、书法比赛、朗读会、科学故事会、文艺晚会等。特别是已退休的八一农学院工会原副主席，现任班主任的柳兴俭老师热爱教学，勤恳工作，对全班同学的情况了如指掌。她熬夜批改学生的书法作业，用自己的钱请同学们看有教育意义的电影。她爱生如子，一位同学感动地说："世界上最伟大的爱是母爱，但柳老师给我们的爱比父母的爱还要多，还要深！"此外，有的老师经常找学生个别谈话，启发他们学习的积极性，有的老师发现问题及时与班主任联系。总之，做好管理教育工作是办好职业教育的重要保证。

图书馆学是实践性比较强的学科。因此，必须注重实践，安排好教学实习和毕业实习等实践性环节。新疆八一农学院图书馆学职业班一进入专业课教学，就安排学生到八农图书馆进行教学实习，全班学生被分成若干小组到各业务组，在老师的指导下进行各项业务的实际操作。通过实践，学生既加深了对课堂上所学到的理论的理解，同时又增强了独立工作的能力。该班的毕业实习经多次选点后定在新疆哈密教育学院图书馆进行，主要是将该馆历年积压下来的40000余册图书用科学的方法进行加工整理。在实习前制订了计划，聘请了分类、编目、图书加工、目录组织等方面的指导老师。同时，将全班同学按上述工作程序分成小组，在老师的指导下让其轮换到各业务环节按规程进行操作。对学生的要求既有数量指标，又有质量标准，最后要求其写出毕业实习报告。通过这样的毕业实习，学生既锻炼了图书馆工作的能力，又了解了图书整理的全过程，同时还弥补了课堂教学中的某些不足，达到了毕业实习的目的，完成了教学计划。

图书馆学职业教育是图书馆学教育事业的重要组成部分，是图书馆学专业广开才路的又一途径，也是调节图书馆学专业人才结构的有效措施。当前，我国图书馆学教育落后于图书馆事业的发展，现有的图书馆专业人才数量不足，质量不高，结构也不合理。而发展图书馆学职业教育则是多出人才，早出人才，先培训，后就业的一种好形式，应该大办，而且办好。在办图书馆学职业教育中存在的问题主要是由于当前我国的劳动人事制度尚不完善，有些领导部门对图书馆工作还不够重视，这类初级人才造就之后不能就业，势必影响图书馆学职业教育的发展。同时，由于图书馆学职业教育是以民办或自费的形式为主，因此在经费方面应给予一定的资助。总之，图书馆学职业教育是图书馆学教育战线上出现的新事物，应不断总结，逐步完善，从而使这种新的专业教育形式获得迅速的发展。

委托学校图书馆举办的图书馆业务人员培训班结业

新疆教育厅委托学校图书馆主办的新疆高校第二期图书馆业务人员培训班，在教育厅和八一农学院党委领导的关怀下，在培训班全体师生和工作人员的共同努力下，完成了教学任务，收到了良好的教学效果，胜利结业了。现在我把培训班4个多月来的教学工作做一个简要的汇报。

新疆高校第二期图书馆业务人员培训班经过四个月零两天，学完了图书馆学基础、图书馆目录、图书分类、中文工具书使用四门课，共计356学时。其中，图书馆学基础课54学时，图书馆目录课78学时，图书分类课150学时，中文工具书使用课74学时。

这次培训班共有学员56名，他们来自全新疆37个单位。其中，高校图书馆的有30人；中专图书馆的有13人；公共系统图书馆的有4人；科研单位图书馆的有9人。学员中，汉族48人；维吾尔族5人；哈萨克族1人；蒙古族1人；锡伯族1人。年龄最大的45岁，最小的18岁，平均年龄31岁。初中文化程度的有17人，高中或相当于高中文化程度的有 32 人，大学毕业的有 7 人。在图书馆工作 5 年以上的有 22 人，工作 2 年—4 年的有 20 人，工作 1 年以内的有 14 人。女同志占学员总人数的 88%，党团员占学员总人数的 30%。

这次培训班的 14 位任课教师是从新医、新工、喀什师院、师大、教育学院、新大、党校、区馆、八农 9 个图书馆的专业人员中聘请的。担任这次培训班组织、教学等领导工作的有 3 人，其中 2 人还担负了教课任务。培训班班委会和团支部在教学工作中发挥了重要作用。班、团干部积极工作，得到了全班同学的赞扬，特别是班长刘炳宗，不论学习和工作都为全班做出了表率，得到了大家的好评。总之，这次培训班教师认真备课，学员刻苦学习，工作人员积极工作，圆满地完成了教学任务。毕业考试全班平均成绩为 91 分。其中，图书馆学基础课平均成绩为 92 分，90 分以上的 43 人，占全班总人数的 77%；图书分类课平均成绩为 87 分，90 分以上的 25 人，占全班总人数的 45%；图书馆目录课平均成绩 90 分，90 分以上的 32 人，占全班总人数的 57%；中文工具书使用课平均成绩 95 分，90 分以上的 46 人，占全班总人数的 82%。以上四门课的毕业考试成绩我们是比较满意的，这是师生们共同努力的结果。

这次培训班学员的年龄大小不等，文化程度高低不齐。在学习过程中，年龄大的记不住，年纪小的理解能力差，但是学员们刻苦学习的精神十分感人，他们白天上课，早晚复习，经常学习到深夜，整理笔记，阅读参考书。他们几乎把所有的时间都用到了学习上，走路、坐车甚至睡觉前躺在床上也要学几分钟。有时宿舍不来电就到教室去学，教室里没有电就到马路边借路灯的光学习。他们虽然各有各的困难，但谁也没有被困难吓倒。如伊犁卫校图书馆的尔鸿志，今年 45 岁，是班上年纪最大的一位女同志，她身患多种疾病，脑子也受过刺激，刚来时因路途劳累，心情不好，怕学不好，准备回去。由于大家的热情帮助和自身的努力，她战胜了疾病，克服了困难，结业考试四门课平均成绩达到了

84.5分。又如军区总医院图书馆罗书练同志入学不久，单位领导派他去广州参加“全军临床学情报会议”，耽误了将近20天的课程，他便主动利用会外休息时间和旅途往返时间自学了《图书馆学基础》《图书分类》两门课，回来后又利用早晚休息时间补写笔记，补学课程。此外，他还担任本单位的外语教学。在如此繁忙的情况下，他抓紧一切时间刻苦学习，结业考试四门功课平均成绩达到了90.5分，取得了优异的成绩。更可贵的是该同志在“图书馆目录”考试中，老师将他考卷中“注释”误判为“解释”，多给了1分。他发现后，主动请老师扣去多得的1分，表现了一个人民战士和共产党员的高尚品质。再如伊犁财校（原伊犁财经学校）图书馆的陈立萍是从新大（新疆大学的简称）民族班转来参加学习的。当时，图书馆学基础课已结束，考试也完了，图书分类课的理论部分也已学完，考试也完毕。陈立萍同志除学习新课外，还要补习已经结束的课程，困难是不小的。由于该同志刻苦努力，结业前，凡未考试的课程全部进行了补考，四门课程平均分数达到97.5分，取得了优异的成绩。还有不少学员带病坚持学习，小病不吃药，大病不休息，宁愿坚持一天也不愿误课一节。还有几位同志的爱人出差在外，家里小孩无人照料，仍然想尽一切办法，克服一切困难来参加学习。他们异口同声地说：“脱产学习对我们来说是多么不易啊！”还有的白天在培训班上课，晚上回原单位工作，他们仍然刻苦学习，取得了较好的学习成绩。四个月来，学员们不但学到了专业知识，而且还培养了集体主义思想。在大家的维护下，这个班形成了团结友爱的好班风、刻苦求学的好学风、实事求是的好作风。老师们为了备好课，教好学，牺牲了不少休息时间，度过了许多不眠之夜。有的同学反映说：“看到有的老师累病了，有的老师劳累过度晕倒了，我们实在不忍心！”总之，通过师生的共同努力，我们完成了教学任务，取得了以下收获：

第一，提高了认识，明确了方向，坚定了事业性。

学员们对图书馆的重要性有了进一步认识，大家认识到社会主义建设、两个文明建设都离不开图书馆，而图书馆的性质和任务又决定着必须为社会主义的科学文化教育及两个文明建设服务。有的学员说，图书馆事业担负着创造人类文明、推动社会前进和改造自然的宏伟任务。还有的学员感慨地说：“以前我总觉得图书馆工作最清闲，没事干，无非是借借还还，现在我认识到图书馆工作是学术性很强的工作，如缺乏一定的文化科学知识和专业水平，是搞不好图书馆工作的。”大家还认识到图书馆工作与教学、科研工作一样是十分细致、复杂的社会思维劳动，从而坚定了搞好图书馆工作和献身图书馆事业的信心。

第二，初步掌握了图书馆学基础理论、基础知识和基本技能。

不少学员在图书馆工作了几年，甚至十几年，但是不懂得什么叫图书馆、什么叫图书馆学、什么叫图书馆事业，不懂得图书怎样分类、款目怎样著录、目录怎样组织，更不会使用工具书，甚至有的工具书都还没有见过。如有的学员说，过去只知道书买来登记一下，编个号，然后锁在柜子里，谁来借就记个账。通过学习，他认为不掌握图书馆技术是搞不好图书馆工作的。总之，通过四个多月的学习，他们懂得了图书馆学的基础理论，初步掌握了图书分类方法、目录组织方法、管理工作方法和工具书使用方法，了解了图书馆事业的现状和今后的发展动向。通过“三基”训练，基本能够适应中、小型图书馆某项业务工作，达到了“管理员”业务职称应具备的水平。

第三，总结并完善了学习方法。

学习方法对于个人获得知识极为重要，有的学员说：“四个月的学习只不过（帮助我）找到了一把入门的钥匙，今后拿这把钥匙去开图书馆学知识的大门。”图书馆是学术性的机构，图书馆工作是实践性很强的工作，学习图书馆学理论必须联系实际，学习方法应该灵活多样，举一反三，要善于理解，只有理解了，才能融会贯通，记得牢，用得好。反之，不求甚解死背条文，也不联系实际，只能误入歧途，我们反对这样的学习方法。

纪律是完成教学任务的保证，全班学员都能自觉遵守学校和培训班制定的各种规章制度，严格遵守课堂纪律、考场纪律和执行请假制度。

这次培训班，尽管办班时间较短，但由于采用了理论与实践紧密结合的授课方式，学员们感到收效快，能够在较短的时间内初通专业理论知识，基本掌握了工作方法，回单位后就能将所学知识用于实际工作中去。此外，培训班课程设置与评定业务职称考试所规定的科目相结合，不仅提高了学员的学习热情，而且为当前及今后评定业务职称奠定了良好的基础。总之，这两个结合也是两条基本的经验。

教训主要是两个“不当”：一是组织教学不当，双课并进制容易分散学习精力，影响教学效果；二是讲课与实习比例不当，这次培训班教育计划规定，讲课与实习比例为1：1，实行结果是2：1。我们认为除图书馆学基础课程外，其他三门课都是实践性很强的课程，讲课与实习的比例只有达到1：1，才能使学员初步掌握基础理论、基本知识和基本技能，否则，达不到“三基”的要求。

建校初期的闪光人物

八一农学院创办初期，困难很多。校舍是 1949 年以前国民党统治时期的旧兵营，总面积虽有五六万平方米，但全是年久失修的土平房，甚至漏雨倒塌，相当一部分还是马厩。教学实验设备仅是初中理化实验的部分简单仪器和几架低倍显微镜。1 万多册图书资料，大部分是中小学课本，或是军事和政治理论方面的小册子。家具也奇缺，没有实验台、书架，甚至连木床也没有，学生几十人分男女房间睡通铺。校园荒芜，杂草丛生，瓦砾遍地，早晚野兔跑，夜间闻狼嗥，一片荒凉景象。创办初期，建校劳动的任务十分繁重。上至党委书记、院长，下至教师、职工、学生，都参加建校劳动，如打土坯、翻修房屋、用土块垒桌凳、制作教具、修建温室、开渠修路、开辟试验田、积肥翻地等。劳动建校赢得了时间，节省了国家开支，改善了学习环境，增强了劳动观念，培养了艰苦奋斗的作风，涌现了一批先进人物。本文遴选几位教职工和学生中典型人物的事迹。

教育革命的促进派——黄和瓒

畜牧兽医系副主任兼传染病教研组主任黄和瓒老师，是既担任行政、教学领导工作，又担任两门课教学任务的“双肩挑”教学人员。他积极执行党的教育方针，强调教学、科研、生产紧密结合，努力提高教学质量。他一方面给学生批改作业，指导学习方法，介绍参考资料，深入学生中去倾听意见，召开学生代表会议，不断改进教学工作；另一方面又抓紧为生产服务的科研、实验等工作，亲手研制了第一批雏鸡白痢诊断液，还亲自组织并指导教师的诊断检查工作，同时支援生产单位的疫病检疫及生产工作。他十分重视培养青年教师和少数民族教师，指导他们学习方法，介绍资料，帮助制订培养计划，组织教师学习俄语，等等。别人问他是怎么安排时间的，他说：“我早晨起床后，就把当天的工作安排好了。白天尽量把时间用于行政工作，如开会及其他工作；备课和个人的提高，都在晚上进行。”他晚上常常因为会议或家务劳动而忙到深夜。为了使刚刚组建起来的教研组在教学工作中发挥更大的作用，黄和瓒老师率先在他领导的教研组内开展了“五比”友谊竞赛。后将“五比”条件补充到“八比”，在全系轰轰烈烈地开展起来。这一举措彻底改变了过去冷冷清清、迟迟缓缓的疲沓现象，出现了生气勃勃的新气象。当别人问他，以前是否因为有些同志对工作支持不够而感到情绪低落时，他直截了当地说：“在党的教育下，我懂得了，只要全心全意为社会主义工作，为党工作，就有人同情并支持。”黄和瓒老师不仅在教学工作中敢想、敢说、敢闯，而且在繁重的任务和任何困难面前都信心百倍，不折不挠，充满着革命的乐观主义精神。

教学工作的标兵——郑世昌

担任畜牧兽医系党总支副书记兼教工党支部书记的郑世昌老师，从1956年毕业留校后，就担任畜牧兽医系解剖教研组解剖学课程的讲授和实验工作。当时设备简陋，人少工作多。但他考虑的是如何将枯燥无味的解剖学课程实验形象化，使同学们牢固地掌握这门科学。他利用“上皮组织容易破坏，结缔组织则难以破坏”的原理，创造性地制出一些原来无法看到的标本。如利用福尔马林固定肾脏，用水冲，用手捏，捏出肾脏血管小球结构精致的标本。再如牛马四肢和整体无法保存，他又摸索出干制的标本。这样，使同学们对解剖学这门课产生了浓厚的兴趣。郑世昌老师不论制作标本还是进行解剖实验，都付出了辛勤的劳动，在制作标本的过程中，不知查阅了多少文献资料。他英文基础较差，就一字一句地翻译；为了熟练掌握解剖技术，他不怕累，不怕臭，成天在尸体堆里，一面参阅书本，一面进行解剖。在教学实验中，他不但讲大体肌肉解剖，甚至连细小的一块肌肉、一个小骨骼、一条血管、一个神经都讲得清清楚楚。同学们反映：“郑老师讲的解剖学课程，讲得清楚，记得牢！”

1959 年上学期开学前，畜牧兽医系有四个班按教育计划规定开生化课，但师资、设备都不足。很多教师主张生化课再拖一学期，等派人进修回来再讲。而郑世昌老师认识到这门课程的推延或合并会影响这四个班的教学质量，于是就挺身而出担负了这门课程的教学、实验任务。这时，有人认为生化课是尖端科学，没有很好的数理化基础是不行的，领导这样决定，对工作、对郑世昌都不利。还有人认为，郑世昌搞了三年解剖学又改行，对他本人来说太吃亏了。郑世昌老师听到上述反映，却不以为然。新课程教学对郑世昌老师来说确实是有困难的。党的教育和同志们的鼓励使他充满了动力和勇气。没有实验器材就用土法，用标本缸代替纸上层析器，用喷香水的瓶代替层析喷雾器。经过 20 天的昼夜奋战就把实验室搞起来了，并具有一定规模。实验室建起来之后，凡未做过的实验项目，他就翻书本或向人请教。试验一次不行，再来一次。就这样，他不但熟练地掌握了光电比色计的使用方法，而且连原理、线路结构的关也攻下来了。气体分析器的结构形式很多，在他的苦心钻研下，成功地给同学们做出了应做的实验。

开生化课，对当时的农业院校来说，我院是最早的。西北农学院听说我们开了这门课，即来函请郑世昌老师去西农讲课。

忘我劳动，不知疲倦的人——李正玉

大年三十，行政办公楼一片静谧。辛勤工作了一年的科室人员都在家里高高兴兴地准备年夜饭。此刻，只有教务处教务科文印室的一架速印机还在欢快地转动着。摇动速印机的正是为教学、科研服务忘我劳动，不知疲倦的李正玉同志。他兢兢业业，任劳任怨，夜以继日地摇呀，摇呀，印成的讲义堆成了山，哺育着成千上万个大学生，使他们成为国家的有用之才。

油印工作一年四季和油墨打交道，既脏又累。特别是每学期结束，新学年开始前，大量的考题要印，教材要用，都是些火烧眉毛的急事。有些课程的考题还要印 A、B 卷，稍有怠慢就可能影响期末考试的进行。为了按时把考题交给教师，他除了早上班、晚下班，还晚上加班，星期天也干。李正玉同志在这个工作岗位上超负荷地工作，总是超定额完成任务，很多教师都被他忘我的工作态度所感动。

每学期寒暑假，机关干部都有一定的公休日。可是每当他看到速印机旁放着一叠没有印的蜡纸时，心里矛盾了。要是休息一周，开学后将有不少老师、学生拿不上讲义。就这样，他寒假没休息，暑假没休息，去年没休息，今年没休息，谁也没统计过他加班的天数到底有多少，然而他没有领过一分钱的加班费。入夜，大地静悄悄，油印室的灯光射出柔和的光，照射在李正玉同志那专注、安详的脸上。他连续摇了好几个小时，速印机发热了。他看到叠得整齐的讲义明天就要和老师、学生见面，脸上顿时出现了欣慰的微笑。

为教学、科研服务的排头兵——杨华富

杨华富同志是教务处设备科的工作人员，凡是和杨华富同志接触过

的人，都说他是个好人。这倒不光说是因为他身强力壮、助人为乐、待人诚恳，主要的还是他有为人民服务的一颗红心，充满了革命干劲儿和青春活力。1958 年春天，精简下放劳动锻炼的三位同志的工作都落在他一个人身上。这样他便要增加两个显微镜室、一个仪器分析室，还要负责烧蒸馏水供全院使用，但他愉快地接受了这些任务。最初他整天忙不过来，经常工作到深夜，连星期天也在工作，一个人还是忙不过来。他没有叫苦，没有畏缩，而是勇往直前，在工作方法上想办法找窍门。烧蒸馏水是最费时、费力的工作，每天挑二三十担水，但还是不够用。他终于找到了窍门，改装了蒸馏器的自动冷却设备，并利用喷雾器进行鼓风。这样不但用水少，而且产量也由日产 18 万毫升提高到 27 万毫升，保证了教学、科研的需要。

杨华富同志原来的文化程度不高，最初连很多仪器都没见过，很多药品名字都叫不上来。由于他刻苦钻研，逐渐成为业务能手，不但把仪器、药品、保管工作做得有条不紊，也能对仪器进行一般的修理。有些仪器坏了，再不用拿到街上去修理，他自己很快就修好了。这样不但为国家节省了资金，而且提高了仪器的使用率。

杨华富同志是一个非常关心别人并喜欢帮助别人的人，只要有人找他或者他见别人有了困难，便主动去帮助。此外，他热心群众工作，如工会、消防、体协等方面的活动，他都积极参加。因而，他不但被评为先进工作者，在其他工作中还被评为劳动突击手、治安积极分子。

一心为公的老模范——刘满堂

建院初期，没有自来水，吃的、喝的全是井水。全院教职工家属 2000 余人的饮水全由开水房烧水的刘满堂一人负责。用水紧张是众所熟知的事，我们却能顺利地从开水房打到开水，随去随有。原来这里有着刘满堂同志的动人故事。

刘满堂同志一贯勤勤恳恳，踏实肯干。到开水房后工作更加认真负责，每天早晨 4 点半起床，摇辘轳把水从井里一桶一桶地提上来，走到灶旁，倒在大锅里。三口大锅倒满了，便开始生火烧水。当大家起床时，锅里的开水已经沸腾了。这时他顾不上休息，又打井水把所有的大缸装满。早饭后，将三口锅里剩下的开水，一桶一桶运转到保温桶内。添满大锅继续烧。他每天早起晚归，劳动 15 个小时以上。他这种忘我的崇高思想博得了全院师生、员工的一致好评，称赞他是“一心为公的老模范”。

校友李心弼忆校史短篇选编

作者的话：李心弼同志是八一农学院建校初期的元老之一，1949年9月参加工作，1950年入党，1955年前后调图书馆工作。工作中他一直勤勤恳恳，任劳任怨，一丝不苟。1958年下放到南疆阿克苏阿拉尔农一师七团，曾任连队副指导员、团部行政管理员等职。李心弼同志离休后仍继续发挥余热。2010年，在他85岁的时候农一师十二团遭到了洪涝灾害，他向受灾团场捐款1万元。当他拿着钱到他所在的七团政工办捐款时，对工作人员说了这样一番话：“我今年已85岁了，生活在兵团是一种幸福。从报纸、广播和电视上看到很多地方受灾。我是一名老党员，虽然我家的条件不是很好，但是钱财生不带来，死不带去，我自愿向洪涝灾区十二团捐赠现金1万元，表表我的心意。”李心弼同志一生简朴，目前还居住在60多平方米的平房里，平时喜欢读报和收藏报纸，写革命回忆录。他还经常向《生活晚报》《兵团新闻》《塔里木军垦》等报刊投稿并有多篇稿件被刊登。现选编他写的有关八一农学院校史回忆的短文如下：

“金皇后”玉米创高产

1958年，在新疆八一农学院工作的我，被下放到农一师参加劳动。我们35人天不亮便乘汽车出发了。可谁知，没走多远，车轮就陷在了泥坑里，于是大家下车找野麻铺路，边走边推汽车，终于走出了困境。几天后，我们终于到达阿拉尔开始了新的生活。有一天，队长张振国告诉我们，我们的任务是种好新品种“金皇后”玉米，当时给我们每人发一把坎土曼，准备第二天去平地打埂子。有一次，我所管的200米水渠需就地挖土加宽渠边，我一直干到天黑。忽然天边雷鸣电闪，不一会儿就下起了倾盆大雨，我拿着坎土曼走在渠道上，摔了好几跤，满身都是泥。当我回到驻地，才发现眼前是一片汪洋大海，帐篷都被水浸泡了，只见男的排水，女的转移被褥、衣服，队领导让大家在梧桐林挖地窝子，没有床，大家就用野麻来当床铺。秋后，新品种“金皇后”玉米种植成功并获得了大丰收。

真心实意帮战士

1958年10月，我从阿拉尔调到七团畜牧队当副指导员。当时有一个叫王永福的人，是随王震将军进疆的战士。由于脑部神经受过伤，他长年穿破棉衣、破棉裤、破鞋子，说话时嘴角还流着口水，大家都不愿接近他。他每天上午帮伙房挑水，下午帮马号铡草，总是见他忙个不停。看见他又脏又臭，于是我将自己的脸盆、脚盆拿到伙房并打了一大桶热水，搬了个木凳拉他坐下，就为他清洗、剪指甲并将他的烂棉衣、烂鞋子通通换掉，还找别人为他理发，这样一管就管了两年。当我要离开畜牧队时，我特意把王永福交给新任副指导员李兴堂管。王永福紧紧地握住我的手，微微露出笑容，看见他的笑脸，我也就放心了。

忆王震将军讲话两则

（一）

“不准官兵留长发，你们大家都把帽子摘下来！”操场上黑压压一片，各种各样的发型一览无余。他生气地说：“全部剃光头！”这时，讲台上一位首长说：“报告司令员，女同志的头发……”只听见“留短发，一律剪齐耳边！”这是 1951 年 7 月 1 日，王震将军在第二步兵学校举行全体军人大会上的讲话。

（二）

1953 年秋，王震将军到八一农学院给教职员工讲话：“要求全体教职工把本职工作做好，安心为教学服务；要求学员认真学好经营管理、农学、农机、水利、畜牧与兽医等各种专业知识。毕业后，分配到天山南北各团场任职。”最后他要求大家站起来高呼口号，举右手，他喊一句，大家跟着喊一句。那些口号分别是：勤俭建国！努力读书！学习技术！种好粮棉！

学校大事记（1952 年—1985 年）

1952 年

8 月 1 日　新疆军区司令员王震将军在学院礼堂宣布八一农学院成立。西北农学院辛树帜院长代表该院师生、员工发来贺电。

8 月 26 日　学院第一届党委成立。党委成员有杨捷、魏晓、涂治、孟梅生、宁必成、王崇山、张子厚、王勋、张存仁等。杨捷任书记，宁必成任副书记。

9 月 25 日　聘请的苏联农学专家提托夫到职。

11 月　新疆军区奉军委命令，任命新疆农业厅厅长涂治兼任八一农学院院长，杨捷任第一副院长，魏晓任第二副院长，宁必成任政治部副主任兼干部处处长，孟梅生任院务部部长，张子厚任教务处副处长。

下半年　从北京农学院、西北农学院、华东人民革命大学等校聘请的教师共 72 人先后到院。

我国驻苏联大使张闻天由王震司令员陪同，来学院做报告。

1953 年

3 月　副院长魏晓同志调中央军委任职。

7 月　西北军区奉军委命令，任命孟梅生为八一农学院第二副院长。

8 月　新疆军区参谋长张希钦来院检查工作时指示，坚决要把学院办下去，决不能打退堂鼓。

10 月　学院师生在玛纳斯河流域指导军垦农场棉花生产，取得了 2 万亩亩产籽棉 402 斤的丰产纪录。

涂治、王彬生等去苏联考察学习。

政治部副主任兼干部处处长宁必成调离。

1954 年

2 月　八一农学院党委书记、第一副院长杨捷调离，孟梅生任党委副书记。

4 月 10 日　以常香玉为副团长的全国人民慰问中国人民解放军代表团来学院慰问演出。

7 月　学院首届水利、林学、会计专修科 375 名学生毕业。

8 月　学院聘请的苏联农机专家赫维利亚到职。新疆军区将学院划归生产建设兵团领导。

10 月　学院礼堂失火，收藏在边厅的图书资料略有损失。

1955 年

3 月 12 日　学院召开党员大会，选出了第二届党委会：生产建设兵团副政委张仲瀚兼任书记，孟梅生任副书记；党委成员有涂治、张子厚、张存仁、王成玉、姬野黎、李盛华、崔玉魁。

学院首届粮食、棉花、园艺专修科 200 名学生毕业。

上半年　新疆生产建设兵团将头屯河农场划归八一农学院作为实习农场。

7 月　成立科研办公室，由张学祖任主任。

8 月　中央高教部部长杨秀峰来院视察工作时指示，将新疆学院的农林牧专业并入我院。

9 月 5 日　学院马列主义夜校开学，参加学习的教职工有 275 人。

10 月　中央代表团团长董必武在庆祝新疆维吾尔自治区成立期间来学院视察工作。

12 月　张子厚、王桂五、朱海霖参加高教部在哈尔滨东北农学院召开的“高等农林院校教学经验交流座谈会”。院长办公室成立，姬野黎任主任，赵保和任副主任。

1956 年

2 月　根据农业部的指示，农学系教师李兆林等师生赴河北、河南等地介绍玛纳斯河流域棉花大丰产经验。

4 月　学院进行国家考试，授予部分学生农学家、工程师称号。张景华、郝履端、黄翼、朱懋顺、钟骏平、闵继淳等教师参加中国科学院新疆综合考察队进行科学考察，历时四年。

5 月 2 日—8 日　学院召开党员大会，选出第三届党委会：张仲瀚兼任书记，孟梅生、侯真任副书记，委员有涂治、张子厚、王成玉、侯德歧、赵光辉、姬野黎、李盛华、崔玉魁。

7 月 10 日　召开第一届院教育工会大会。

7 月 24 日　农学系主任王桂五参加中央农业部组织的考察团赴苏联参观考察。

8 月　农业部委托学院举办全国棉花机耕技术训练班，参加培训的有农机干部 224 人。学院聘请的苏联畜牧专家拉斯托契金教授和农学家果列洛夫副教授到职。受高教部委托，学院举办为期两年的“全国高等农业院校师资进修班”，由苏联专家果列洛夫、拉斯托契金分别担任主讲，全国高等农业院校的一些专家、教授，如浙农大沈学年教授、西南农学院杜洪作副教授等也在班里学习。

9 月　成立函授科。

下半年　经高教部批准，学院第一次面向全国招生，共招新生 870 余名。成立八一农学院大学生体育协会。

1957 年

1 月 18 日　高教部副部长曾昭抡等人出访苏联回国途中来学院视察工作，并向师生做报告。

1 月 26 日　《八一农学院》院刊编辑室成立并创刊。

2 月　成立“图书馆委员会”，涂治院长任主任委员。

2 月 25 日　中央农垦部部长王震来院看望师生并讲话。

5 月 27 日　作家老舍来学院访问，并向师生讲话。

6 月 17 日　学院党委根据中央决定，动员全院开展整风运动。

上半年　学院将 20 个专科班改为本科班，将农机班改为农业机械系。

9 月　学院政治部撤销，成立党委办公室，侯真任办公室主任。

9 月 8 日　自治区党委书记王恩茂来学院视察工作并讲话。

9 月 9 日　共青团中央书记胡耀邦在出席世界青年联欢节后回国途中来学院视察并讲话。

12 月 20 日　师生参加修青年渠劳动。

1958 年

1 月　自治区体委在学院举行冬季迎春长跑现场会。

2 月 23 日　学院举办第一次教学经验交流大会，参加座谈会的有 500 人次，参观展览的有 6000 人次，收到论文 39 篇。

3月28日　召开党员大会，选出了第四届学院党委会，孟梅生任书记，侯真任副书记。同时，还选举产生了监察委员会，侯真任监委书记。

4月　学院在新源县果子沟筹建新源野果林改良场，作为教学实习基地。

4月23日　院务委员会通过了学院1958年—1962年的发展纲要（草案）。

上半年　全院师生开展红专辩论和向党交心活动。

8月　苏联哈萨克斯坦加盟共和国男排来院访问比赛。全院师生、员工投入大炼钢铁运动。

8月2日　在学院工作的苏联专家果列洛夫和拉斯托契金回国，兵团司令员陶峙岳参加欢送会并讲话。

8月9日　学院师生员工630人参与修建兰新铁路。

8月—9月　侯真副书记、王桂五教授、黄和瓒副教授参加农业部在南京农学院召开的现场会议。

9月　学院由生产建设兵团移交新疆维吾尔自治区人民委员会领导。水利系全体师生赴阿克苏、克孜勒苏、喀什、和田地区各县参加旧灌区改建工作。

9月14日　成立民兵师，涂治任师长，孟梅生任政委。

10月19日　学院组织教师、职员和6个系的学生代表一行12人赴南京农学院参观访问，由侯德歧任团长，张学祖任副团长。

年底　学院先后办了农药厂、兽药厂、小型钢铁厂、炼油厂、牛奶加工厂和细菌肥料厂。

1959年

1月19日　全院师生开展“教育方针大辩论”。

1月20日　图书馆举办“教学改革资料展览”，分5个部分展出。

4 月 28 日　公布院务委员会组织方案（草案）。

8 月 1 日　越南劳动党中央委员会主席胡志明由赛福鼎、祁果、张仲瀚等陪同来学院访问。

8 月 19 日　苏联土壤专家基齐诺娃来学院做“塔里木河土壤溶液”的专题报告。

10 月　苏联农学专家伊万诺夫来学院做了以“草场改良和利用”为题的报告。张学祖副教授以特邀代表的身份参加了全国工业交通基建财贸战线社会主义建设先进集体和先进生产者代表大会。

11 月　新疆学院农、林、牧、水、机 5 个专修科的 200 余名师生并入学院有关各系。

学院第二届农学专业本科生毕业。

全院师生参加修建四道岔轻便铁路的劳动。

空军司令员刘亚楼、总参副总参谋长王尚荣等来学院视察工作。

1960 年

1 月　成立南山实习林场，赵杰兼场长，梁廷烈任指导员。

2 月 3 日　召开学院群英会，奖励先进工作者。

2 月 18 日　教育厅在学院召开“教学经验交流现场会”。

3 月　我院 877 名师生到国有农场和人民公社进行现场教学和生产劳动。

4 月 10 日　召开党员大会，选出了第五届党委会，孟梅生任书记，侯真、张子厚任副书记。同时，选举产生了监委会，侯真任监委会书记。

7 月 16 日　出席全国文教群英会的代表郑世昌同志向全院教工传达全国文教群英会精神。

7 月 27 日　自治区农、林、牧、水院校在学院召开了新技术应用经验交流会议。

8月　函授科升级为函授部。

8月23日　中央农垦部部长王震来学院视察并讲话。

8月25日　经自治区党委文教部批准学院成立政治系。

9月1日　中国科学院土壤研究所主办的土壤大专班移交学院农学系，学院将该大专班学员作为土壤农化专业学生培养。

农学、林学、农经、畜牧、兽医、水利、农机各专业本科生毕业。

1961年

3月　学院600名师生下放到南北疆各国有农场和人民公社进行毕业设计和现场教学。

著名电影导演崔嵬来学院做报告，并挑选数名师生参加影片《天山红花》的拍摄。

学院科研办公室改为科研科，归教务处领导。

1962年

3月15日　教育厅在学院召开新疆高等学校图书馆会议。

上半年　学院拟定《新疆八一农学院执行“高教六十条”的三年规划（草案）》。学院农药厂划归自治区化工局领导。学院师生分别到沙湾、哈密、三坪等地参加农村“四清”运动。

7月20日　院第六届党委会成立。书记孟梅生，副书记侯真。委员：涂治、张子厚、努尔提也夫、王成玉。

1963年

1月29日　涂治院长率王桂五、徐善根、黄异生、李敬五、张学祖、许鹏赴京参加全国农业科技十年规划会谈。

2月　学院先后开展增产节约运动和“五反”运动。

11月　制定《八一农学院师资培养提高规划》。

学院野果林改良场划归农垦厅领导。

1964 年

8 月　成立预科部，阿比力任主任，努尔提也夫任书记。

9 月　学院学习解放军政治工作经验，开展双“五好”活动。

12 月　教育部批准学院成立草原专业。经自治区党委批准，在农学专业进行“半农半读”试点工作。

屯河实习农场划归农垦厅领导。

魏国祯同志出席全国民兵工作会议。

1965 年

12 月　《新疆八一农学院学报》创刊。丁汝明任学院党委副书记。

下半年　涂治院长赠送图书馆中外文书刊 302 册。

1966 年

2 月 17 日　教育厅在学院召开“全疆教学改革经验交流会”。

6 月 7 日　以张克宇为组长的自治区工作组进驻学院。

1970 年

10 月 4 日　自治区革委会下达《关于八一农学院定点建校批示》的文件。

12 月 18 日　成立“八一农学院革命委员会”，由军宣队队长于保武任革委会第一副主任。

1971 年

9 月 11 日　学院迁往玛纳斯林场后，新疆工学院进入老满城办学。

10 月 7 日　学院成立党的核心小组，孟梅生为组长，彭鹤彬、侯真、努尔提也夫为副组长。

1972 年

5 月　学院为招收的第一批工农兵学员 72 人举行开学典礼。

9 月　畜牧兽医系由玛纳斯迁回老满城。

9 月 8 日　侯真、努尔提也夫任革委会副主任。

涂治同志恢复工作后调任新疆农业科学院院长。

1973 年

1 月 26 日　党的核心小组向自治区提交关于八一农学院定点建校中所存在的问题的报告。

5 月 21 日　党的核心小组就学院搬迁定点问题向党中央和周总理写报告，请求予以关怀。

6 月　学院召开共青团第十届代表大会，选举产生第十届委员会，卡哈甫任书记。

7 月 9 日　自治区革委会文卫组组长林士笑接见学院党的核心小组组长孟梅生，传达关于八一农学院在乌鲁木齐老满城和玛纳斯林场两地办学的决定。

8 月　努尔提也夫调自治区团委工作。

9 月　军宣队撤离。司马义·牙生诺夫任革委会主任、党的核心小组副组长。

11 月 1 日　张子厚入选学院党的核心小组成员，任革委会副主任。

1974 年

4 月 25 日　自治区派工宣队进驻学院。

乌鲁木齐教育局将学院子校改为市第二十五中学。

农学系教师在乌鲁木齐县板房沟公社进行大面积春麦高产试验，春小麦亩产 1400 斤左右。

王恩之调任学院党的核心小组副组长、革委会副主任。

1975 年

3 月　由许鹏、朱懋顺、石定燧等在乌鲁木齐市谢家沟开办草原专业教学点。

5 月　学院成立临时党委，孟梅生为书记，司马义 · 牙生诺夫为副书记，后又任命王恩之为副书记。

9 月　王恩之出席全国农业学大寨会议。

下半年　自治区党委决定，八一农学院分别在玛纳斯林场与喀什两地办学。

1976 年

3 月 30 日　学院第一任院长涂治病故。

6 月　侯真调任新疆农科院党委副书记、革委会副主任。温厚华调任学院临时党委副书记、革委会副主任。柴桂铭调任学院临时党委委员、革委会副主任。张子厚任学院顾问。

1977 年

12 月　朱懋顺参加了全国科技规划会议。

党的核心小组就学院搬回乌鲁木齐市老满城办学的问题第二次向党中央写报告请求关怀。

1978 年

3 月 20 日　农机系教师刘益生出席全国科学大会，农学系副教授张学祖以特邀代表的身份也参加了这次大会。

3 月 22 日　中央农林部电话指示学院利用乌鲁木齐市老满城原校

址和设备招生。

4 月 巴基斯坦农业专家来学院参观水利系水工试验等设备。

4 月 20 日 《八一农学院》院刊复刊。

4 月 30 日 自治区党委第一书记汪锋等来院视察工作时说："老满城这个地方是八一农学院的，这个方针已经定了，要完璧归赵。"

5 月 27 日 学院制定了《新疆八一农学院 1981—2000 年发展规划（草案）》。

6 月 20 日 学院教师参加研究的 32 项科研项目获自治区科学大会奖。

6 月 恢复原来已评定的各级职称并提升了 145 名讲师、6 名副教授、4 名教授。

8 月 25 日 自治区任命阿不力米提 · 马克苏托夫为新疆八一农学院党委委员、副院长。

9 月 司马义 · 牙生诺夫调自治区农委工作。

9 月 28 日 学院正式成立党委会，孟梅生任书记兼院长，温厚华、张子厚任副书记。

12 月 6 日 学院成立第九届学生会。

自治区文办党组调整学院系、处机构，增设基础部，科研科升格为科研处，马列主义教研室升格为处级。同时，任命系、处级干部。

1979 年

1 月 林学系副教授张新时去美国康奈尔大学进修。《新疆八一农学院学报》复刊并成立学报编委会，温厚华任主编，张学祖、张学魁、杨延赋任副主编。

2 月 10 日 自治区革委会下达《关于八一农学院迁回乌市老满城办学的决定》。学院共青团召开代表大会，选举产生第十二届委员会。出席会议的代表有 260 名，列席代表有 18 名。

2月26日　经农林部外事局同联合国粮农组织商议决定，学院图书馆被列为与联合国粮农组织建立直接联系的藏书图书馆。

3月　自治区党委任命王恩之为院党委副书记。

3月17日　学院召开“文化大革命”以后的第一次总结表彰大会。

4月　学院工会召开全体委员会议，选举产生院工会委员会，马克苏托夫任工会主席。

4月4日　学院学术委员会成立，温厚华担任主任委员，张学祖、黄翼、罗乾昌任副主任委员。

5月30日　学院教育工会举行第六届会员大会。自治区总工会副主席泽潘、自治区党委组织部副部长郑遵千等到会祝贺。

6月28日　召开政治工作会议，传达自治区宣传工作会议精神，研究加强我院思想政治工作的具体措施。

7月21日　美国堪萨斯州立大学农学系作物育种教授，美籍学者梁学礼博士来院参观，并进行了学术交流活动。

9月　学院教师和技术人员参加研究的中频直动式剪羊毛机获自治区科技成果一等奖，油菜丰产试验、针叶树塑料大棚及营养杯育苗、飞机超低容量喷雾防治林木病虫害新技术、新疆主要用材树种选优及种子园营建技术的研究四项获自治区科技成果二等奖，鸡胚胎发育的研究、八一四玉米新品种两项获自治区科技成果三等奖。

9月2日　北京农业大学黄可训教授应邀来院做题为《国内外果树害虫的研究和概况》的学术报告。

9月16日　原新疆师范大学所属的三坪农场划归学院。

11月　乌鲁木齐市二十五中（原学院子校）重归学院领导，定名为“八一农学院附中”。

11月30日　学院邀请在美国工作的华裔生物学博士王尔中来院讲授分子遗传学。

成立院体育运动委员会，张子厚副院长任主任。

张学祖教授被任命为新疆维吾尔自治区科学技术协会副主席。

1980 年

1 月 21 日　农业部副部长杨显东来学院视察工作。

3 月 15 日　张学祖教授率新疆科协代表团出席全国科协第二次代表大会。

3 月 29 日　区农委顾问组成立大会上，任命张学祖、朱懋顺为顾问组副组长。

4 月 22 日　任命温厚华、王恩之、柴桂铭为学院副院长。

6 月 7 日　美国农业部国立动物疾病中心副主任乔治与兰伯特博士为团长、谭克博士为副团长的家畜卫生考察团一行 7 人来院参观并考察。

6 月 15 日　美国康奈尔大学农业与生命科学院生态系主任，植物生理生态学家沙勃特博士及夫人，植物解剖生态学家金英博士等来院讲学。

6 月 19 日　沙勃特博士代表美国康奈尔大学农业与生命科学院同学院代表张学祖教授签订了两院科研教学协作备忘录。

9 月　学院首次招收了 3 名研究生。

9 月 10 日　张学祖教授参加中国农学会代表团，应日本亚细亚农业技术交流协会邀请赴日本访问。

10 月 6 日　农业部干部培训班新疆八一农学院班举行开学典礼，农业部副部长朱荣、农业部教育局副局长田心专程前来祝贺。

11 日 6 日　自治区任命沙德尔·吐尔提夏为学院副院长、党委委员。

11 月 7 日　国际复兴开发银行（又称“世界银行”）高级顾问霍尔汀先生来院考察并参观，并落实世界银行向学院贷款事宜。

1981 年

1 月 1 日　宣传部在图书馆举行书画展览，展出书法、摄影、国画、油画、素描等作品 103 幅。

1 月 24 日　学院召开“庆祝三十年教龄大会”，向 152 名教职工颁发了光荣证。

1 月 28 日　农业部干部培训班新疆八一农学院班举行第一期结业典礼。

2 月 22 日　自治区任命罗乾昌为学院副院长、党委委员。

4 月 22 日　教育部部长蒋南翔一行 9 人来院视察工作。

6 月　美籍华人王尔中博士给我院赠送氯化铯、微量自动加标器、超滤器、《不列颠百科全书》等礼物。美国科罗拉多大学高山研究所所长、国际地理联合会山地生态委员会主席艾文斯教授和高山气象学家、世界资料中心（冰川学）主任巴里教授来院讲学。

6 月 30 日　院学生会召开大会，选举第十届学生会成员。

7 月 2 日　成立三十周年校庆筹委会，张子厚任主任。

9 月　学院教师参加研究的北大渠灌区盐碱土改良综合治理试验和提高冷冻精液交配率两项科研课题获农牧渔业部一等奖。治区任命温厚华为学院院长，免去孟梅生的院长职务。

9 月 16 日　图书馆被选为全国高校图书馆工作委员会委员馆。袁正祥被推选为委员。

9 月 25 日　日本畜牧兽医技术交流代表团椿精一团长一行 7 人来院参观访问。

10 月 6 日　业余大学经批准成立并开始招生。

10 月 24 日　美国爱达荷大学林学院院长艾伦·来琪教授及夫人来院参观座谈。

1982 年

1 月 11 日　自治区党委第一书记王恩茂来院看望农业干部培训班新疆八一农学院班学员并讲话。

2月4日　自治区人民政府主席司马义·艾买提和区党委书记李嘉玉等来院参加本届大学生毕业典礼。

2月8日　首次对378名应届本科毕业生授予农学、工学学士学位。

5月26日　自治区大学生运动会及乌鲁木齐市地区大学、中专运动会和1982年乌鲁木齐市教工田径运动会同时在学院举行。学院夺得18项第一，囊括了男女、男子、女子团体总分第一名。

5月　学院与北京农业大学、南京农学院和西北农学院达成对口联系协议。

6月22日　联合国粮农组织“援助中国新疆畜牧业发展专家组”的客人拉马尔（法）、那布雷及菲力蒲逊（美）来院访问。

6月23日　以日本生物学研究所理事长高泰松为团长的日本畜牧兽医草原技术交流代表团一行6人来院参观访问。

7月2日　成立图书馆委员会，罗乾昌任主任委员。

7月26日　成立教学研究组。

7月31日　隆重召开建院三十周年庆祝大会。自治区党委书记、人大常委会主任铁木尔·达瓦买提，政协主席司马义·牙生诺夫，财委主任刘子漠，兵团副司令员林海清，以及各委办、各大专院校领导同志前来祝贺。林业部、北农大等单位和兵团第一副司令员谢高中等发来了贺电、贺信。

8月17日　著名园艺学家、浙江农业大学教授沈德绪应邀来学院讲授园艺遗传学，并做了题为《种子研究的方法》《果树育种的进展与动向》两个专题报告。

9月14日　中国科学院学部委员、民盟中央常委、著名科学家、清华大学教授钱伟长应邀来院讲学。

9月18日　北京农业机械化学院邱定立副院长、李瀚如教授等来院商谈关于建立长期对口协作事宜。

9月28日　中国民主同盟八一农学院支部成立并选出第一届支部委员会，张文任主任委员。

10月31日　国家计委副主任、农牧渔业部副部长何康来学院视察工作。

12月23日　召开首届教职工代表大会。自治区党委常委、人民政府副主席巴岱到会做了重要讲话。

畜牧系教师研究的黑白花奶牛育种课题获全国“奶协”先进单位奖。魏荣禄、李凌霄、李自强等获全国奶牛协会先进个人奖。

学院与呼图壁种牛场达成教学、科研、生产联合体协议。

1983年

1月3日　成立计划生育领导小组，王恩之任组长。

5月　张学祖教授被选为全国人大第六届代表。

5月25日　匈牙利细毛羊专家多特伊姆来·阿马西贝拉来学院参观。

5月28日　自治区调温厚华到教育厅任职，免去其八一农学院院长和党委副书记职务。

6月17日　学院共青团召开第十三次代表大会。参加开幕式的有自治区团委副书记樊兴初、杨肇季，以及新疆大学、新疆师范大学、新疆医学院、新疆财经学院等兄弟院校的负责同志。

7月　畜牧系讲师黄兆铭去德国进修。

7月9日　学院成立德育教研室。

7月11日　调柴桂铭到自治区文化厅任职，免去其学院副院长职务。

9月1日　学院试行助学金和奖学金并行制度。

9月5日　林业部副部长董志勇来学院视察工作。

9月6日　美国犹他州洛根农业研究所作物室遗传学家道格拉斯·

杜威来学院参观并做了题为《小麦族植物细胞分类》的报告。

9 月 22 日　函授大学、业余大学举行开学典礼。

9 月 22 日　孟梅生调任中共新疆维吾尔自治区顾问委员会常委、调任张子厚为委员。免去孟梅生八一农学院党委书记，张子厚副书记、副院长职务。

9 月 23 日　学院新一届领导班子成立。王恩之任党委书记，沙德尔·吐尔地夏任党委副书记，张学祖任院长，罗乾昌、许鹏、卡哈甫、郅玉洁任副院长，冯宗仁任纪委书记。

10 月　农干班举办第一期农业科技干部进修班。

10 月 8 日　学院主办的新疆第一期农经干部专修科举行开学典礼。

11 月　农干班改为中央农业管理干部学院新疆八一农学院分院。冯祖寿、米拉乌什·肉孜获全国少数民族地区先进科技工作奖。

12 月　学院毕业的研究生高耳基由武汉水利水电学院授予工学硕士学位。

学院教师参加研究的绵羊改良技术推广、河北栾城县农业区划获河北省科委科技成果奖。新疆黑猪选育、21 型白猪品系培育获兵团科技二等奖。我国家禽生理、生化常值等科研课题获国家科委推广奖和农牧渔业部二等奖。新 30 黑猪品系培育获石河子地区科委二等奖。21 型白猪遗传病的研究获兵团二师科委二等奖。中国年最大一小时总雨量均值变差系数等值线图获水电部科技成果二等奖。

1984 年

1 月　经自治区批准，八一农学院自费走读班毕业生纳入统一分配计划。

1 月 12 日　王恩茂接见王恩之书记和张学祖院长时指示，要把八一农学院办好。

1 月 13 日　经国务院批准，森林植物、兽医病理、草原牧草栽培、农业经济管理、农业机械化5个专业获硕士学位授予权。

1月17日　张学祖院长去北京参加由农牧渔业部召开的全国农业工作会议。

3月　教师冯祖寿、米拉乌什·肉孜、林德佩、朱甸余、杨昌友、李桂森、沙的尔·卡迪尔等获自治区先进科技工作奖。经自治区批准，将学院畜牧兽医系分为畜牧、兽医、草原3个系，将农学系分为农学、园艺、植保3个系。

3月1日　自治区“‘三农三牧’协作体”在学院农干分院举行成立大会，自治区党委书记李嘉玉出席会议并讲话。

3月14日　农学系副教授钟骏平和兽医系副教授邓普辉分别赴康奈尔大学和爱荷华州NADC（国立动物疾病中心）进修。

3月19日　王恩之书记在全院教工会上宣布自治区党委重新任命的系、部、处级领导干部名单。

3月21日　学院为首届57名函授大学毕业生举行毕业典礼。

5月2日　学院举办第一期整党学习班。党委书记王恩之和区党委联络组组长陈明池到班上讲话。

5月8日　教育部计划司司长来院视察工作。

5月31日　自治区党委书记贾那布尔等来学院检查工作。

6月2日　学院成立生物基础部。

8月6日　全国农业院校西北赛区田径运动会在学院举行，有西北五省（区）9所高等农业院校的大学生参加比赛。

8月15日　索马里工会代表团一行3人在索马里工会经费和工作审查委员会主席穆罕默德·亚勒·马林的率领下来学院参观访问。

9月17日　学院成立系统工程、草地资源开发、家禽、水利水电设计、果蔬采后处理5个非独立性研究所和农业应用化学、小麦抗病育种、林木速生丰产、森林植物4个研究室。

9月22日　国际商业信贷银行给学院捐款10万美元。张学祖院长代表八一农学院向安瓦罗尔·阿明先生表示对艾格哈桑、阿贝迪行长的感谢。

9月22日　畜牧系副教授赵天佐参加教育部组织的畜牧业考察团赴德国考察。

10月6日　张学祖院长参加以王恩茂为首的新疆科技考察团赴美参观访问。

11月21日　调整院学报编委会。张学祖教授任主编，许鹏、张学魁和杨延赋任副主编。

11月24日　图书馆在西北五省（区）农业图书馆情报协作组织成立大会上被选为第一届委员馆和副主任委员馆。

11月26日　成立学院史（志）编纂委员会及编辑室，张学祖任主任委员兼主编，王恩之、冯宗仁、张学魁任副主任委员。

学院教师研究的良种细毛羊培育、新疆农作物野生边缘种考察、均值变差系数等值线图等项目分别获国家科委、中国农科院表彰奖和水电部三等奖。

12月29日　九三学社新疆农林牧支社成立，张钊任主任委员。

农干分院举办首期兽医师进修班。

1985年

1月　学院成立农村经济与管理、畜禽疾病、荒漠生态、草原保护4个非独立性的研究所。

1月17日　学院召开第二届教代会。

2月　学院新成立园艺系和植保系。

2月16日　成立由32人组成的第二届院学术委员会，张学祖教授任主任委员，罗乾昌、许鹏副教授任副主任委员。院学位评定委员会首次授予王克军、苏忠农学硕士学位。

4月　学院教师祝源又获自治区优秀专业科技人员一等奖，陈仲荣、王民桢获二等奖，林德佩、杨昌友、凤家骥、胡云梯获三等奖。

5 月 17 日　全国人大常委会委员麻木托夫·库尔班来学院视察工作。

6 月 18 日　美籍华裔学者左天觉博士和夫人来院参观。

8 月　许鹏教授赴日本参加第十五届国际草地会议。

8 月 20 日　学院体育代表队参加全国农业高校田径赛，男子团体总分排名第四，男女团体总分排名第六，杨渝川获精神文明运动员称号。

9 月　教育部为学院从世界银行低息贷款 140 万美元。自治区人民政府给学院 337 名在新疆工作 30 年以上的教职工颁发荣誉证书和奖章。

9 月 10 日　学院召开第一个教师节庆祝大会，朱懋顺等 30 名教师获奖。

9 月 15 日　研究生学院学位委员会授予陈礼学、刘建国农学硕士学位。

9 月 16 日　院成立学衔委员会，由 32 人组成，张学祖任主任，王恩之、罗乾昌、许鹏任副主任。

10 月　畜牧系副教授祝源又参加农牧渔业部组织的养羊业考察团赴澳大利亚考察。

11 月 17 日　贵州省政协常委韩之栋同志应邀来院做革命理想报告。

12 月 19 日　为了维护社会治安，稳定学院正常教学秩序，学院发出通知，提出四项规定，要求全院师生、员工必须严格执行。学院在 1985 级学生中试行学分制。

后记

20世纪60年代初，一次偶然的机会，我从八农（原新疆八一农学院的简称，现新疆农业大学）图书馆书架上翻到一本名为《乌鲁木齐史话》的小册子，打开一看，内有一篇巩宁城方面的文章。我从头至尾读了两遍，对这篇文章产生了兴趣。我想工作、学习、生活在这块神秘的土地上，就应该了解巩宁城这段历史。于是从20世纪60年代开始，即着手搜集有关巩宁城的史料。无论开会、参观，只要到某个图书馆，如果发现与巩宁城有关的史料，便抄录下来。每年寒暑假，至少用两周时间到新疆大学图书馆古籍书库查阅并抄录。几十年中零零碎碎抄了好几本。1989年离休后，整理撰文陆续发表在《新疆八一农学院院史》《西域文化》《新疆日报》等图书和报刊上。

撰写校史回忆录最早的一篇文章题目是《忆学校首批新生》，原始资料主要出自一份新生花名册，写于1982年，载于《八一农学院》院刊。第二篇文章是《功绩照后人——记八一农学院创始人王震将军》，原始资料主要出自《新疆八一农学院院史》，写于2008年7月5日，刊于《伟业千秋——王震与新疆》一书。

新疆农业大学老干处主办的《桑榆》杂志的问世，激发了我撰写校史回忆文章的热情，数年内连续撰写了《八农五二年建校初期的教学组织与管理》等几十篇文章，分别刊载于《桑榆》各期内。

现将巩宁城史料与学校回忆录两部分内容进行汇编，定名《巩宁城今昔》，收入《“一带一路”大型系列丛书——新疆是个好地方》，公开出版。笔者不胜感激，并对编排、校对、设计等同志一并表示感谢！因笔者水平有限，对于不尽如人意处，敬请读者指教！

袁正祥

2018 年 4 月 15 日